SIGRUN RITTRICH-DORENKAMP

Wellness für Katzen

Ich fühl mich wohl in meinem Fell

FOTOS: MONIKA WEGLER

WHISKAS®

Inhalt

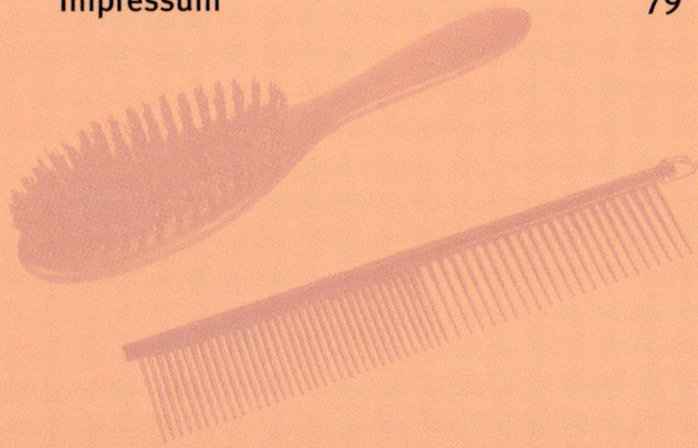

Määao
MäääaOu
Määou

Was Katzen lieben

Da liegt sie! Wohlig zusammengerollt auf ihrem Lieblingsplatz, dem Sessel, der eigentlich mir gehört. Mit ausgiebiger Putzzeremonie beantwortet sie mein Ansinnen, mich dort ebenfalls niederlassen zu wollen. Ob ich sie wohl stören darf?

Typisch Katze

Eines dieser faszinierenden Wesen führt in vielen Haushalten das heimliche Regiment. Auf leisen Pfoten hat sich die Katze in unsere Herzen geschlichen und gibt uns immer wieder viele Rätsel auf: Schön, sensibel, zärtlich, sanft, elegant und gleichzeitig unnahbar, unergründlich, geheimnisvoll, eigenwillig, selbstbewusst. Eine Katze steckt immer voller Überraschungen. Liebevoll oder launisch, aktiv oder faul, verschmust oder kratzbürstig, familiär oder eigenbrötlerisch – sie hat viele Gesichter. Eben noch kuschelig und anschmiegsam, können die Samtpfoten schon in der nächsten Sekunde ihre Krallen ausfahren. Sie sind Engel und Teufel, Schmusekatze und Raubtier gleichzeitig. Die Verwandlung erfolgt blitzschnell.

Mit ihrem ausgeprägten Willen und ihrer Selbstständigkeit lassen sich Katzen nicht vom Menschen beherrschen. Sie sind ihm aber gern gleichberechtigter Partner. Manchmal gelingt es der Katze, den Menschen nach ihren Vorstellungen zu erziehen. Sie selbst hat dagegen ihren eigenen Kopf und macht meist nur das, was ihr gefällt. Vor allem aber sind Katzen Individualisten, und keine ist wie die andere.

Kleines großes Katzenherz

Der Sessel ist Bessys Revier. Aber natürlich nicht nur der Sessel, nicht nur das Zimmer, nein, das ganze Haus. Aber Bessy ist nicht kleinlich. Sie duldet diesen täppischen Menschen in ihrem Hohheitsgebiet. Sie hat ihn in ihr kleines Katzenherz geschlossen.

Jäger auf Samtpfoten

Die natürlichen Verhaltensweisen der wild lebenden Verwandten hat auch der Stubentiger nicht verlernt. Perfekter als alle anderen Säugetiere ist die Katze für die Jagd kleiner schneller Beute ausgerüstet. Mit ihrem geschmeidigen, kraftvollen Körper, großer Sprungkraft, langen starken Fangzähnen und beweglichen nadelspitzen Krallen gilt sie als das am höchsten entwickelte Raubtier. Körperbau und Sinne ermöglichen ihr beispielsweise, eine Maus schon von weitem zu entdecken – sogar bei Nacht – lautlos anzuschleichen, geschickt und reaktionsschnell zu fangen und sicher zu töten.
Das alte Erbe von ganz ungewöhnlichen Fähigkeiten lebt auch heute noch in jeder Katze fort. Zu diesen besonderen Eigenschaften gehört eine unglaubliche Anpassungsfähigkeit. So schließt sich das eigentlich so auf seine Unabhängigkeit bedachte Raubtier dem Menschen ganz eng an, wenn es sich bei ihm wohl fühlt, wenn es Geborgenheit, Verständnis, Liebe und Wärme findet.

Der Tagesrhythmus

Eine frei lebende Katze ist normalerweise besonders in den Stunden der Morgen- und Abenddämmerung und in der Nacht aktiv. Dann erwachen ihre Lebensgeister erst so richtig. Als Hauskatze passt sie sich aber problemlos dem Familien-Zeitplan an. Sie spielt, schmust und frisst dann genauso gern tagsüber und legt sich nachts zur Ruhe. Niemand muss befürchten, dass eine Katze im Haus die Nacht zum Tag macht. Allerdings ist sie einem flotten Spiel am Abend nicht abgeneigt.
Auch wenn sie das perfekte Raubtier ist und körperliche Höchstleistungen vollbringen kann, so ist die bevorzugte Beschäftigung der Katze jedoch Schlafen, Dösen, Beobachten, Sich Putzen und Sonnenbaden. Der anstrengenden Jagd stehen lange Erholungsphasen gegenüber.

Zu zweit wartet es sich leichter, bis ihr Mensch endlich wiederkommt.

Dazu müssen wir ihr genügend Gelegenheiten geben. Denn mit unseren durchschnittlich sieben bis acht Stunden Schlaf pro Tag gibt sich eine Katze nicht zufrieden. Sie ist Meister im Dauerschlaf und verbringt – mit Unterbrechungen – rund zehn Stunden des Tages auf diese Weise. Darunter sind aber immer nur wenige kurze, echte Tiefschlafphasen, über jeweils etwa sechs Minuten. In dieser Zeit träumt die Katze erkennbar.
Die Pfoten zucken und die Schwanzspitze schlägt, unter den geschlossenen Augenlidern bewegen sich die Augen. Dann ist sie schwer zu wecken. Wird sie jetzt dennoch aus ihrem Tiefschlaf gerissen, kann sie aber reflexartig aggressiv reagieren.
Weitere fünf bis sechs Stunden verbringt die Samtpfote mit kleinen Nickerchen, Ruhen, Dösen, Schmusen und In-der-Sonne-Liegen. Drei bis vier Stunden dauert die ausgiebige Katzenwäsche und gründliche Krallenpflege. Drei bis vier Stunden geht sie auf Pirsch, jagt und spielt. Ungefähr ein bis zwei Stunden will sie bummeln, spazieren gehen, Bekannte besuchen und lediglich rund eine halbe Stunde benötigt sie zum Essen und Trinken.

Da hat sich was im Gras bewegt! Annäherung mit höchster Konzentration.

Der Tagesablauf als Heimtier

1

Eine reine Wohnungskatze wird ihre Ruhephasen oft noch viel länger ausdehnen. Auch junge und alte Katzen schlafen mehr. Das bedeutet aber nicht, dass Katzen von Natur aus faule Geschöpfe sind. Ganz im Gegenteil. Sie brauchen spannende Abwechslung und körperliche Herausforderungen. Wenn eine Katze nicht nach draußen kann, ihr das Futter ständig präsentiert wird und sich niemand mit ihr beschäftigt, dann leidet sie an Langeweile und wird geistig und körperlich immer träger. Sie braucht mehrere Stunden täglich Unterhaltung und Spiel. Gleich, ob ihr Mensch eher eine Nachteule oder ein Frühaufsteher ist, die Katze ist bereit, sich ihm anzupassen. Allerdings hält sie gern einen ausgiebigen Mittagsschlaf.
Am besten vereinbaren Sie mit Ihrer Katze feste Zeiten und halten sich dann möglichst auch daran, denn Katzen lieben geregelte Tagesabläufe: Wann gibt es Futter, wann spielen und toben Sie mit ihr, wann sind die Schmusestunden, wann bekommt sie „Ausgang“. Ihre Katze wird sich schnell

1 Einmal entdeckt, hat die Maus keine guten Chancen mehr zu verschwinden.

2 Einen kleinen Vorsprung gönn' ich ihr, sonst wird's langweilig!

3 Stopp – das reicht. Jetzt mach ich Ernst. Sonst hab' ich gleich das Nachsehen!

4 Die bring' ich jetzt meinem Menschen, damit er auch mal was Gutes isst.

darauf einstellen und sich beklagen, wenn Sie sich nicht an die „Abmachung“ halten. Alle Veränderungen sind dem Gewohnheitstier ein Gräuel. Die Zeiten, in denen sie allein zu Hause ist, wird sie vorzugsweise mit Dösen und Schlafen überbrücken. Katzen, die kommen und gehen dürfen, wie sie wollen, bleiben allerdings sehr oft bei ihren natürlichen Vorlieben: Sie gehen in der ersten Nachthälfte nach draußen und kehren meist erst nach Mitternacht zurück.

Tipp

Katzen sind Individualisten. Keine ist wie die andere. Nicht nur im Vergleich der Rassen gibt es große Charakterunterschiede. Auch Hauskatzen haben sehr verschiedene Wesenszüge. Für übermütige Temperamentsbündel sollten Sie genügend Ausgleich schaffen. Kämpferische eher besänftigen und träge Typen ermuntern.

Das eigene Revier

Ob Etagen-Wohnung, Haus mit Garten oder gleich ein ganzer Bauernhof mit Feldern und Wiesen – ein eigenes Revier gehört zu den Grundbedürfnissen jeder Katze. Dabei spielt die Größe des Territoriums eine untergeordnete Rolle. Anfangs erobern sie sich erst ein kleines Gebiet und erweitern es nach und nach. Ihr Revier laufen die Katzen dann systematisch ab – auf festen

Pfaden – und hinterlassen ihre Duftspuren. Bei freien Katzen in ländlichen Gegenden können sich diese Reviere und Streifzonen über mehrere Kilometer erstrecken. Aber Revier bedeutet bei Katzen nicht, dass es ihr allein gehört. Meist teilt sie es mehr oder weniger friedlich mit anderen Katzen. Die durchstreifen das Gebiet dann eben auf anderen Pfaden. Man geht sich dabei möglichst aus dem Weg.
Ist das Revier zu dicht bevölkert, einigen sich Katzen offenbar auch auf verschiedene Zeiten für ihre Kontrollgänge, um sich nicht zu häufig begegnen zu müssen.
Dank ihrer großartigen Anpassungsfähigkeiten geben sich die Minitiger jedoch auch mit einem kleineren Territorium zufrieden: einem entsprechend eingezäunten Garten, einem Haus oder sogar nur ein paar Zimmern. Solche Minireviere werden nach den gleichen Ritualen täglich inspiziert und mit (für uns nicht riechbaren) Duftnoten versehen.
Das ureigenste Revier der Katze ist ihre Wohnung. Leben mehrere Katzen gemeinsam darin, wird auch dieses Territorium aufgeteilt. In diesem engsten Revierbereich, dem Heim erster Ordnung, stellen sie bestimmte Ansprüche: Vor allem ihren Lieblings-Beobachtungsplatz und ihre Schlafstelle, die möchte eine Katze gern ganz für sich allein haben.

Das mögen Katzen gar nicht

- Eine schmutzige Katzentoilette
- Stechende unangenehme Gerüche von Zwiebeln, Essig und zerriebener Gartenraute
- Angestarrt zu werden
- Langeweile und Einsamkeit
- Mit Gewalt festgehalten, eingeengt oder zu etwas gezwungen zu werden
- Von „von oben herab“ behandelt zu werden und Befehle erteilt zu bekommen
- Gebadet oder nass gespritzt zu werden
- Eine falsche Ernährung: Katzen sind Fleischfresser und dürfen nicht vegetarisch ernährt werden
- Laute und zischende Geräusche wie Hundegebell, Staubsaugen, Geschrei

Tipp

Junge Katzen werden Freunde. Wer zwei oder mehr Katzen halten möchte, sollte möglichst Wurfgeschwister oder junge Katzen wählen. Am einfachsten ist es, sie zusammen aufwachsen zu lassen. Jugendliche Katzen schließen auch mit unbekannten Artgenossen schnell Freundschaft.

Kuscheln und beobachten

Viele Stunden des Tages verbringt die Katze an Plätzen, wo sie sowohl kuscheln als auch beobachten kann. Manche bevorzugen einen einzigen solchen Platz, andere wechseln ihre Beobachtungsposition täglich mehrfach. Eine erhöhte, geschützte Aussichtsplattform oder Liegemulde gibt ihr den gewünschten Überblick. Hier kann sie dösen, sich in aller Ruhe putzen, dabei aus einem oder beiden Augen beobachten, was um sie herum vorgeht. Regale, Tische, das Sideboard, die Fensterbank, der Katzenkratzbaum, der Kaminsims, ein Bett, Sofa oder Sessel können zu solchen bevorzugten Plätzen werden. Wichtig ist ein möglichst ungehinderter Blick über weite Teile der Wohnung. Außerdem sollte der Platz zugfrei und einigermaßen ruhig sein und einen gewissen Rückenschutz bieten. Der Handel bietet heute eine reiche Auswahl an Kratzsäulen mit den tollsten Aussichtsplattformen, Liege-Mulden und kuscheligen Höhlen. Trotzdem bevorzugen einige Stubentiger den Schrank oder das Sofa. Und – keine Regel ohne Ausnahme – es gibt auch Samtpfoten, die sich mitten ins Zimmer auf den Boden legen und sich dort durch nichts aus der Ruhe bringen lassen. Katzen ohne freien Ausgang lieben das Fensterbrett für die Beobachtung der Welt „da draußen" sehr. Ist es zu schmal, um bequem darauf liegen zu können, empfiehlt sich eine Verbreiterung.
Gibt es kein Fensterbrett, sollten Sie eine andere Aussichtsplattform in Fensternähe schaffen! Draußen finden sich solche Lieblingsplätze auch vorzugsweise in erhöhter Position, mit guter Rundumsicht: auf einem dicken Ast im Baum, dem Dach eines Gartenhäuschens, der Gartenbank (am liebsten mit weicher Auflage) oder der obersten Treppenstufe vor der Haustüre. Zum Schlafen ziehen sich viele Katzen lieber in Höhlen, Körbe, Schränke oder andere geschützte und dunkle Ecken zurück.

Hier am Fenster gibt es immer etwas Spannendes zu sehen.

Brauchen Katzen Artgenossen?

Viele Katzen leben als Single und sind dabei nicht unglücklich. Voraussetzung: Die Katze hat freien Ausgang oder aber ihr Mensch hat viel Zeit, täglich ausgiebig mit ihr zu spielen und zu schmusen. Freilaufkatzen können auch draußen mit Artgenossen kommunizieren und erhalten genug Bewegung. Bei einer reinen Wohnungshaltung leiden zwei Katzen aber weniger Langeweile und können wunderbar miteinander spielen. Übrigens, es muss nicht immer unbedingt ein Artgenosse sein. Viele Katzen verstehen sich auch ausgezeichnet mit Hunden.

In der Hängematte kann man mal so richtig die „Seele baumeln lassen".

Geliebte Menschen

Gut geeignete Katzenmenschen sind tolerant, feinfühlig, versuchen der Katze nichts aufzuzwingen, akzeptieren ihre Unabhängigkeit und lassen ihr möglichst viel Freiheit. Sie erwarten keinen Gehorsam, sondern sind dankbar, dass die Katze sie als Partner akzeptiert. Die Bewegungen dieser Menschen ist nicht hektisch, tollpatschig und poltrig, und sie sind nicht laut. Ideale Katzenmenschen haben eine sanfte Stimme und reagieren auf die Stimmung ihrer Pfleglinge angemessen und taktvoll. Auch wenn sie etwas begriffsstutzig sind, so lassen sie sich doch aus Katzensicht zu brauchbaren, wenn auch nicht ebenbürtigen Partnern erziehen.

Katzen haben ein großes Harmoniebedürfnis. Für ihr Wohlbefinden brauchen sie die Ausstrahlung von innerer Zufriedenheit und von Gelassenheit. Wer Zuneigung sendet, in dessen Nähe halten sie sich gern auf, in dessen seelischem Umfeld ruhen sie. Ist die Atmosphäre dagegen ungut, gibt es häufig Streit, dann zieht sich die Katze zurück und verlässt eventuell sogar dieses ungemütliche Haus!

Ein Mensch sollte der Katze auch überlassen, wann sie zärtlich sein will; selbst Schmuseeinheiten lässt sie sich nicht gern aufzwingen, sie fordert lieber selbst die Liebkosung. Wer die Katzenseele versteht, mit den Stubentigern redet und mit ihnen spielt, kann ihr Herz im Sturm erobern. Dabei lieben es Katzen überhaupt nicht, immer nur „von oben herab" behandelt zu werden. Der richtige Katzenpartner begibt sich auf die gleiche Ebene. Zum Spielen setzt oder legt er sich dann auch schon mal auf den Boden.

…ennen Sie die heimlichen Wünsche?

Damit sich Ihre Katze rundum bei Ihnen wohl fühlt, sollten Sie wissen, welche Vorlieben sie hat.

		Ja	Nein
1	Wollen Katzen ihr Revier ungehindert überblicken können?	○	○
2	Sind Katzen von Natur aus faul und wollen am liebsten nur schlafen?	○	○
3	Müssen Wohnungskatzen täglich mehrere Stunden spielen?	○	○
4	Liegen und ruhen Katzen am liebsten auf dem Fußboden?	○	○
5	Kann eine Katze auch als Single glücklich sein?	○	○
6	Lieben Katzen Menschen, die nervös, hektisch und laut sind?	○	○
7	Ist es wichtig, dass die Samtpfoten einen Kratzbaum haben?	○	○
8	Brauchen Katzen einen eigenen Schlaf- und Ruheplatz?	○	○
9	Hassen Katzen einen geregelten Tagesablauf?	○	○
10	Würde eine Katze am liebsten mit im Bett ihres Menschen schlafen?	○	○

Antwort: 1 = Ja, 2 = Nein, 3 = Ja, 4 = Nein, 5 = Ja, 6 = Nein, 7 = Ja, 8 = Ja, 9 = Nein, 10 = Ja.

Ist uneingeschränkte Freiheit wichtig?

Hunderttausende frei lebender Katzen werden jedes Jahr Opfer von Verkehrsunfällen, Jägern und Tierfängern. Wenn es auch auf den ersten Blick nicht als artgerecht erscheint, so gibt es doch viele gute Gründe, die kleinen Raubtiere nur in der Wohnung zu halten. Wohnungskatzen erreichen im Durchschnitt ein deutlich höheres Alter als Katzen mit Auslauf, da sie weit weniger Gefahren ausgesetzt sind.

In Großstädten ist es häufig gar nicht möglich, Freigang zu gewähren.

Dank ihrer hervorragenden Anpassungsfähigkeit kann sich die Katze sehr gut darauf einstellen, nur im Haus zu sein, besonders, wenn sie es so von klein auf gewöhnt ist. Aber selbst viele erwachsene Katzen sind noch in der Lage, sich umzustellen. Wenn Sie Ihrer Katze das ungebundene Streifen durch Gärten, Wiesen und um die Häuserblocks verwehren, brauchen Sie kein schlechtes Gewissen zu haben. Voraussetzung ist aber, dass Sie Ihren kleinen Tiger ausreichend dafür entschädigen und die Wohnung katzengerecht gestalten (→ Was Katzen gefällt, Seite 20). Ein ausschließlich in der Wohnung gehaltenes Einzeltier schließt sich übrigens seinem Menschen sehr eng an.

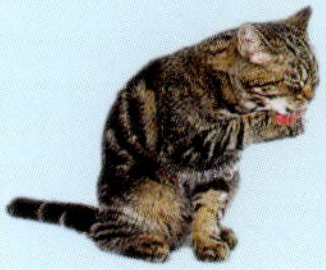

Spielen gegen Langeweile

Sind mehrere Familienmitglieder vorhanden und ist fast immer jemand im Haus, wird sich auch die Katze nicht so schnell einsam fühlen. Bei einem berufstätigen Single dagegen sieht das ganz anders aus. Die Katze kann es kaum erwarten, dass sich ihr Mensch endlich Zeit für sie nimmt. Wenigstens nach Feierabend und am Wochenende muss ihr menschlicher Partner dann für sie da sein, muss mit ihr spielen, raufen und schmusen. Sie braucht mehrere Stunden täglich Beschäftigung und Zuwendung und eine katzengerecht gestaltete Wohnung mit vielen Versteck- und Klettermöglichkeiten und möglichst einem gesicherten Balkon.

Feng Shui – Komfortzonen der Katze

Von Natur aus haben Katzen das Gespür für die „richtige“ Umgebung und die besten Plätze im Haus sowie die Fähigkeit, das Leben zu genießen. Zum Fressen, Spielen, Beobachten und Ruhen bevorzugen Katzen bestimmte Orte, andere werden vermieden. Vorlieben und Ablehnung haben jedoch meist ganz bestimmte Gründe. Katzen sind sozusagen schon von Natur aus „Feng-Shui-Experten“. Sie sind Spezialisten im Aufspüren aller positiven und negativen Energieströme.

Das Bett als Lieblingsversteck und mit dem vollen Überblick .

Beschäftigen wir uns intensiver mit der Jahrtausende alten chinesischen Kunst und Wissenschaft Feng Shui, so erfahren wir, wie wir ein harmonisches, gesundes und förderliches Umfeld schaffen können. Das Ziel ist, zusammen mit unserem Tier in Harmonie und im Einklang mit unserer Umgebung zu leben, innere Energien zu stimulieren, Wohlbefinden und Wohlstand zu stärken. Im Feng Shui, das wörtlich übersetzt „Wind“ und „Wasser“ heißt, geht es im Wesentlichen darum, dass die positive Lebensenergie, („Qi“ oder „Chi“) möglichst ungehindert fließen kann. Durch die harmonische Gestaltung und Platzierung von Gebäuden, Möbeln und Symbolen und die Verwendung geeigneter Materialien soll ein Maximum an Lebenskraft in das Haus oder die Wohnung gelangen. Negative Energien und Störfaktoren sollen abgewehrt oder zumindest gemildert werden. Katzen wirken allein schon durch ihre Anwesenheit negativen Energien entgegen. Und wer sie aufmerksam beobachtet, wird bald herausfinden, wo in der Wohnung (aus Katzensicht) etwas nicht stimmt. Feng Shui wirklich zu beherrschen, erfordert ein langes Lernen und die Beschäftigung mit der chinesischen Philosophie.

Kuschelplätze zum Wohlfühlen

Mit beeindruckender Wonne genießen Katzen ihre Kuschelplätze. Sie liegen meist in einem geschützten, ruhigen Bereich, in erhöhter Position. Aber nicht alle Katzen haben den gleichen Geschmack. Die Vorlieben für Standort und Material sind sehr unterschiedlich.

rotes Gummiboot

Kissen & Schrankbet

Lieber das rote Ruhekissen oder ein Schrankbett? Offen stehend Wäscheschränke lieben Katzen über alles. Das gute Gefühl, auf einem sauberen Wäschestapel z liegen, ist unübertroffen. Unang nehm wird's nur, wenn jemand d Schranktür schließt, ohne Samtpfote entdeckt zu haben.

Hängematte & Korb

In einer Hängematte liegen und sich sanft im Wind schaukeln lassen, während die Hummeln summen, die Vögel zwitschern und bunte Schmetterlinge vorbeiflattern – was gibt es Schöneres? Ideal zum Schlafen ist auch solch ein Muschelkorb. Hier liegt man geschützt, mit Rückendeckung.

Bettruhe

ılduin liegt gern im Bett seines enschen. Er darf sogar mit unter e Decke kriechen. Hier wird er ınn zum schnurrenden Wärmekis- n. Wenn Ihre Katze entwurmt ıd geimpft wird, gesund ist und e nicht an einer Katzenhaaral- rgie leiden, dürfen Sie Ihren ebling ruhig ins Bett lassen.

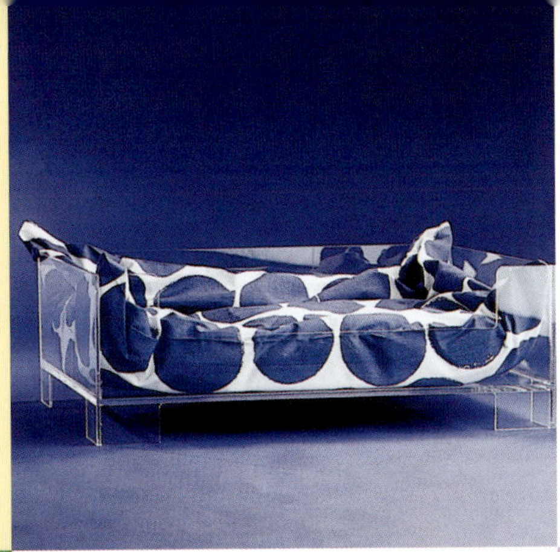

Feng-Shui-Bett

Ein Bett aus Acrylglas für Ihren Liebling. Der Clou: Dieses Bett ist nach den Gesetzen der chinesischen Wissenschaft „Feng-Shui" designed und soll für ganz besonderes Wohlbefinden sorgen (→ Seite 14). Das exklusive Material ist hochwertig verarbeitet und dauerhaft haltbar (→ Seite 79).

Baumlager

Die Lieblingsplätze zum Schlafen und Beobachten müssen nicht immer so luxuriös sein wie die Ruheinsel rechts. Auf diesem Ast in luftiger Höhe liegt Bessy gern. Von hier oben hat sie einen ausgezeichneten Überblick über ihr Revier und ist vor dem frechen Nachbarshund sicher.

Sooo **bequem**

ein Schloss!

Schlafhäuser

Zum ungestörten Schlaf ziehen sich viele Katzen gern in kuschelige Höhlen zurück, die ihnen von allen Seiten Schutz und Rückendeckung geben. Solche Kuschel-Häuser stehen idealerweise in einer ruhigen Wohnungszone, jedoch nicht direkt auf dem Fußboden, sondern etwas erhöht.

iaao
iaaaaou
aouiaou

Wohnung und Garten – ein Katzenparadies

Ob die Einrichtung vom Trödel stammt oder vom Designer – das ist der Katze gleich. Ein ruhiges Plätzchen zum Schlafen, Essen und Sonnen, eine saubere Toilette, ein Baum zum Krallenwetzen und verlockende Jagdgründe. Zum Katzenglück gehört nicht viel.

Was Katzen gefällt

Katzen schlafen gern und viel. Sie haben freilich ganz eigene Vorstellungen davon, wie der ideale Ruheplatz aussieht. Sie liegen, wo es ihnen gefällt, nicht unbedingt dort, wo wir ihnen den Schlafplatz errichten. Der beliebteste Ort ist meist das Menschenbett, gefolgt von einem Schrankfach. Ein Sessel in einer ruhigen, zugfreien, warmen Ecke oder der Einkaufskorb können aber auch zu den Favoriten zählen. Wenn Sie Ihrer Katze ein „Bett“ mit hohen Seiten oder sogar eine richtige „Höhle“ anbieten, haben Sie gute Chancen, dass Ihr Angebot angenommen wird. Im Handel gibt es viele kuschelige Körbchen, Hängeliegen für die Heizung, Schlafsäcke, Tunnel oder „Traumhöhlen“ (→ Seite 26). Ein Karton mit Eingang und Decke reicht aber ebenso. Die meisten Katzen wollen ihr Bett nicht auf dem Boden stehen haben, sondern bevorzugen eine erhöhte Position in einem ruhigen Bereich.

Ungestört essen

Katzen sind Genießer durch und durch. Dazu gehört auch, dass sie gern an einem geschützten Ort speisen möchten. Wegen

Katze im Paradies

Bessy hat sich erhoben. Sie reckt und streckt sich wohlig. Hier herrscht sie unangefochten. Bessy hat alles, was ihr Herz begehrt: Drinnen ist es warm und trocken, mit Vollpension. Draußen locken Düfte, Sonnenschein, das Rascheln des Windes in Gräsern und Zweigen. Still! Ist da eine Maus?

des einfacheren „Handlings" und auch aus hygienischen Gründen bietet sich die Küche an. Das Wasser, das immer ausreichend vorhanden sein muss, steht am besten nicht direkt neben dem Futternapf. Die Schleckermäuler trinken sonst eventuell zu wenig. Viele Katzen lieben es, zusätzlich direkt aus dem Wasserhahn zu schlabbern. Manche der schnurrenden Gourmets verabscheuen Plastiknäpfe. Dann sollten Sie Schüsseln aus Keramik oder Edelstahl verwenden. Auch wenn es praktisch ist: Stellen Sie Futternäpfe und Katzenklo nie nebeneinander! Das beleidigt die feinen Geruchssinne der Katze. Ebenso verbietet es sich eigentlich von selbst, das Katzenfutter in unserem Toilettenraum zu servieren. Schließlich essen wir dort auch nicht.

Katzen brauchen furchtbar viel Musik und ein ganz kleines Stück vom ganz großen Glück."

Das stille Örtchen

Katzen sind von Natur aus peinlich saubere Tiere. Sie suchen sich in freier Natur ein „stilles Örtchen" und bevorzugen deshalb auch in der Wohnung einen diskreten und ungestörten Platz für ihre Geschäfte, der aber leicht zugänglich sein sollte. Mit ihrer empfindlichen Nase lehnen manche Katzen die geschlossenen Toiletten ab. Während diese Toilettenhäuschen aus unserer Sicht so attraktiv sind, weil keine Streu herausgeworfen wird und das „Bukett" weitgehend drinnen bleibt, ist ebendiese Duftwolke selbst den Erzeugern oft zu viel. Da helfen dann auch die eingebauten Filter nicht. Aber einen Versuch sind diese Komfort-Toiletten sicher wert.

Die Katzenstreu sollte saugfähig sein und Gerüche gut binden. Ob Sie sich für eine

Krallenwetzen ist für Katzen mehr als reine Körperpflege und sehr wichtig.

Klumpstreu oder ein nicht klumpendes Produkt entscheiden, ist Ansichtssache. Gute Marken-Katzenstreu ist frei von gesundheitsschädlichen Fasern und lässt sich problemlos über den Hausmüll, in manchen Gemeinden auch über den Biomüll, entsorgen. Verschmutzte Streu sollte mindestens einmal am Tag entfernt werden und Kot immer dann, wenn Sie ihn entdecken. Die Streu wird ein- bis zweimal wöchentlich komplett ausgewechselt und die Toilette sorgfältig gereinigt. Ein Auswaschen mit heißem Wasser genügt im Allgemeinen. Desinfektionsmittel mit scharfem Geruch können die Katze davon abbringen, ihr Klo zu benutzen. Stellen Sie die Katzentoilette möglichst weit entfernt vom Futternapf und Ruheplatz auf. Katzen lieben es überhaupt nicht, neben ihren Ausscheidungen zu fressen oder zu schlafen.

Abenteuerpfade durch die Wohnung

Zu einem wirklichen Katzenparadies gehört außer Schlaf und gutem Essen viel Bewegung. Sofatiger, die wegen der Lebensgefahr draußen dauerhaft unter „Hausarrest“ stehen, erhalten mit einem spannenden Abenteuerpfad auch in der Wohnung genug Abwechslung und Anregung. Auf ihren täglichen Streifzügen läuft die Katze

Das ist für Katzen wichtig

- Ein erhöhter, geschützter Sitzplatz.
- Eine gute Übersicht über den Raum.
- Ein Kratzbaum oder ein Kratzbrett.
- Lange in Ruhe schlafen.
- Viel Bewegung und spannende Spiele.
- Eine saubere Katzentoilette.
- Ein Beobachtungsplatz am Fenster.
- Frisches Wasser und gutes Futter.
- Freier Auslauf ohne Gefahr durch Autos oder frische Luft und Sonne auf dem gesicherten Balkon.
- Ihr Mensch, der mit ihr spielt, sie streichelt und umsorgt.

Tipp

Aussichtsplatz an der Sonne. Das Fensterbrett wird schnell zum Lieblingsplatz. Durch Sonnenstrahlen und Heizung ist es hier schön warm. Zu schmale Fensterbänke einfach verbreitern. Der Fachhandel bietet praktische Fensterliegen, die mit Schraubklemmen befestigt werden.

gern immer die gleichen Pfade ab, um ihr Territorium zu kontrollieren. Der Weg kann beispielsweise durch einen Tunnel, einen Karton mit Ein- und Ausstiegsluken, über eine Kratzbretthürde und vielleicht sogar ein dickes Balancierseil oder einen Balken führen. Ihrer Phantasie sind da keine Grenzen gesetzt! Gern nimmt Ihre Kletterkünstlerin dabei die Möglichkeit an, auch, die Wände „hochzugehen". Zusätzlich an die Wand montierte Bretter dienen als Aufstiegshilfen, dann geht es weiter über Regale, Schränke und einen Kratzbaum bis hin zum verbreiterten Fensterbrett. Verstecken Sie einen Teil des Futters oder gesunde Leckerbissen auf diesem Pfad. So besteht immer wieder ein Anreiz, auch unbequemere Wege einzuschlagen. Dabei können Sie zusätzliche Schwierigkeiten einbauen, bis die Katze an die begehrten Trophäen herankommt. Jeder Abenteuerpfad führt über einen am besten mehrstöckigen, zimmerhohen Kratzbaum, ausgestattet mit attraktivem Spielzeug wie einem Ball und einem dicken Tau. Aussichtsplattformen laden zum Klettern, Verweilen und Beobachten ein. In die erhöht platzierten Kuschelhöhlen ziehen sich die Miezen gern zum Schlafen zurück. Es gibt ihnen ein Gefühl der Geborgenheit. Der Kratzbaum dient aber nicht nur dem Wohlbefinden Ihrer Katze, sondern ist mindestens genauso zur Schonung Ihrer Gardinen, Tapeten und Sitzmöbel wichtig.
Ein Tipp zum Schluss: Abenteuer pur ist für eine Katze ein Aquarium. Anfangs versucht sie vielleicht die Fische durch die Scheibe zu erhaschen. Doch dann verlegt sie sich aufs Beobachten. Wichtig ist natürlich, dass das Aquarium gut abgedeckt ist.

Kätzchen lieben Schnüre zum Spielen. Bitte aufpassen, dass sie sich nicht strangulieren!

Der katzengerechte Balkon

Der gesicherte Balkon gewährt Wohnungskatzen ein Stückchen Freiheit und bringt Abwechslung in ihr behütetes Leben. Sie lieben es, an der frischen Luft in der Sonne zu liegen oder Vögel, Schmetterlinge und andere Insekten zu beobachten. Und manchmal verirrt sich ja sogar ein Brummer oder Käfer hierhin. Ein Katzenschutznetz ist optisch recht unauffällig und bietet optimalen Schutz. Wenn Sie Kletterpflanzen daran hochranken lassen, wird der Balkon sogar zu einer gemütlichen Laube. Ganz begeistert wird Ihr Stubentiger sein, wenn Sie ihm den Balkon noch mit einem echten Baumstamm aus Naturholz veredeln. Befestigen Sie an einer Astgabel ein Brett als Aussichtsplattform.

Katze im Dschungel: sich verstecken und unbemerkt anschleichen.

Energie tanken

Die hohe Energie, die der PC und elektronische Geräte ausstrahlen, ziehen Katzen magisch an. Deshalb halten sie sich gern auf Ihrem Schreibtisch in der Nähe des Computers auf. Ein beliebter Katzentrick ist, sich immer genau auf die Unterlagen zu setzen, an denen ihr Mensch gerade arbeitet. Außerdem lieben sie es, die Zeitung mitzulesen. Katzen setzen sich auch sehr gern auf den Fernseher und lassen ihren Schwanz vor dem Bildschirm baumeln. Hauptgrund auch hier: Er strahlt Wärme und eine starke Energie aus.

Gefahren vermeiden

➤ **Kippfenster**	Die Katze bleibt in der Öffnung hängen und erdrosselt sich. Kippfenstersicherungen gibt es im Fachhandel.
➤ **Fenster und Balkone**	Ein Sturz aus oberen Etagen kann für die Katze lebensgefährlich sein. Abhilfe schafft die Absicherung durch ein Katzennetz oder Maschendraht.
➤ **„Höhlen"**	Allzu gern kriechen Katzen in vermeintliche Höhlen wie Waschmaschine, Trockner, Backofen oder Geschirrspüler. Deshalb vor dem Einschalten von Geräten stets prüfen, ob sich die Katze nicht dort versteckt hat.
➤ **Herdplatten**	Heiße Herdplatten stets abdecken, um Verbrennungen zu vermeiden.
➤ **Medikamente, Putzmittel, Lösungsmittel, Lacke, Farben**	Bei der Aufnahme von giftigen Substanzen kann es zu schweren Vergiftungen kommen. Deshalb alles gut unter Verschluss halten.
➤ **Nähnadeln, Nähgarn, Perlen, Wollknäuel**	Die Katze könnte diese Gegenstände verschlucken oder sich strangulieren. Deshalb nach Gebrauch sofort wieder wegschließen.
➤ **Lametta**	Es ist unverdaulich, wenn es verschluckt wird, und führt zu erheblichen Gesundheitsproblemen.
➤ **Giftige Pflanzen**	Sie können gelangweilten Wohnungskatzen sehr gefährlich werden, wenn sie daran knabbern. Erkundigen Sie sich vor dem Kauf, ob eine Pflanze giftig ist.

Der katzengerechte Garten

Sosehr sich Katzen auch ihrem Menschen anschließen und es genießen, eine warme und trockene Wohnung zu haben, so sehr lieben die meisten auf der anderen Seite ihre möglichst uneingeschränkte Freiheit. Am liebsten möchten Katzen kommen und gehen, wie es ihnen gefällt. Wo ein Garten vorhanden ist und keine unmittelbare Lebensgefahr durch verkehrsreiche Straßen droht, sollten Sie diesem Wunsch nachkommen. Für den Menschen, der Angst um seinen geliebten Schmusetiger hat, kann das eine harte Prüfung sein. Aber wenn Sie sehen, wie glücklich Ihre Katze draußen ist, werden Sie ihr den Ausgang wahrscheinlich kaum mehr verwehren.
Eine gute Alternative bietet die Möglichkeit, den Garten ausbruchssicher zu machen. Zusätzlich zu einem normalen Zaun können Sie mit elektrischen Weidedrähten, die in etwa 20, 50 und 90 Zentimeter Höhe gespannt werden, verhindern, dass die Katze versucht, den Zaun zu überklettern. Natürlich darf kein Baum am Zaun stehen, sonst gibt es kein Halten mehr für Mieze. Eine andere Möglichkeit ist ein Katzenschutznetz (im Zoofachhandel erhältlich), mit dem Sie wenigstens einen Teil des Gartens für die Katze sichern können.

Die schönsten Katzenmöbel

Natürlich können Katzen auch ohne spezielle Möbel glücklich sein. Aber der Handel bietet eine große Auswahl von attraktiven Einrichtungsgegenständen, die Katzen- und Menschenherzen erfreuen. Unabdingbar sind allerdings Kratzbäume oder Kratzbretter zum Krallenschärfen.

Für die Katzendiva

Kuscheln & Kratzen

Kratz- und Kletterbäume werden immer attraktiver. Liegemulden und ein Baumhaus sind hier sch integriert. Dieses Katzenmöbel wird ganz sicher zu einem Lieblingsplatz. Weniger komfortable Kratzbäume lassen sich durch zusätzlich befestigte Kuschelbettchen aufwerten.

Ferienwohnung

Gemütliches Heim

Die eigenen vier Wände bieten Geborgenheit und Schutz – ein idealer Ort, um sich zurückzuziehen. Will Pucki mehr sehen, setzt sie sich auf die Aussichtsplattform. Oder sie legt sich auf ihr eigenes Sofa im Katzenformat. Das macht ihr wenigstens ihr Mensch nicht streitig.

Mein Sofa

Liegestuhl

bsch anzusehen und scheinbar
:h bequem ist dieser Katzen-
gestuhl. Damit haben Sie eine
te Chance, dass Ihr eigener Lie-
stuhl frei bleibt und Sie ihn
eder selbst nutzen können.
türlich ist solch ein klappbares
heplätzchen auch im Wohnzim-
r ein attraktiver Blickfang.

stilles Örtchen

De-luxe-Toilette

Wenn das stille Örtchen ringsum geschlossen ist, bleibt die Umgebung von herausgescharrter Katzenstreu verschont. Eine saubere Sache. Nach anfänglichem Zögern nutzt Moritz diese Komfort-Toilette sehr gern. Auch er verrichtet seine Geschäfte nämlich lieber unbeobachtet.

Pflegen & Spielen

Maniküre, Fellstriegel und sanfte-Bürsten-Massage in einem bietet das praktische Pflegecenter. Der Bürstenbogen entfernt lose Haare und Hautschüppchen. Viel Spaß macht das Spiel in der Tunnel-Lokomotive, besonders zu zweit. Und sogar die Krallen kann man daran schärfen.

Kratz-Lok

Kuschel-koje

Toben & Ausruhen

Multifunktionsmöbel zum Spielen und Kuscheln stehen hoch im Kurs. Praktisch, wenn man müde vom vielen Toben ist, dann kann man gleich an Ort und Stelle ein kleines Nickerchen einlegen. Katzen lieben besonders Möbel, in die sie hineinkriechen und in denen sie sich verstecken können.

Schöner Garten

Bei der Planung Ihres Gartens ist es leicht, die Bedürfnisse Ihrer Katze zu berücksichtigen, so dass Sie beide wirklich erholsame Stunden im Grünen verbringen können. Für eine wunderbare Gartenidylle braucht es oft nicht viel, nur ein wenig Phantasie. Die wichtigste Regel ist: Lassen Sie Ihren Garten so natürlich wie möglich. Keine Gifte wie Schneckenkorn, Mäusegift, Insektizide und Unkrautvernichter. Sie bringen damit Ihre Katze, Vögel und Fische in Lebensgefahr. Es geht auch ohne chemische Keule! Das heißt nicht, dass der Garten unordentlich sein soll, im Gegenteil – aber wenn Sie Rasen und Beete pedantisch pflegen, geraten Sie mit Ihrer Samtpfote sicher bald in Konflikt. Denn sie möchte ihre Krallen lustvoll an Bäumen schärfen dürfen, Duftmarken setzen, unter Büschen herumstreichen und die Erde aufbuddeln können. Nutzen Sie die Zeit lieber zur Entspannung.
Ein dicht bepflanztes Fleckchen, eine Ecke mit hohem Gras wird zum Mini-Dschungel für Ihre Katze. Sie liebt es, an Gräsern zu knabbern, duckt sich tief zwischen Grasbüscheln und Sträuchern, schleicht sich vorsichtig an, lauert Insekten und Schmetterlingen auf, fängt Blätter, die der Wind bewegt. Dichte Hecken und Sträucher, Kletterpflanzen und bewachsene Spaliere bieten ihr ideale Verstecke. Auf Bäume jagt sie aus Übermut und weil sich von dort oben ihr ganzes Territorium so prima überblicken und natürlich auch überwachen lässt.
Wenn sich Ihre Katze das erste Mal nicht so schnell wieder vom Baum heruntertraut, geraten Sie nicht in Panik! Rufen und locken Sie ganz ruhig, sprechen Sie ihr Mut zu, und lassen Sie ihr Zeit. Manchmal ist es auch das Beste, erst einmal für eine halbe Stunde ins Haus zu gehen. Sie fasst sich irgendwann ganz sicher ein Herz. Keine Angst – sie stürzt bestimmt nicht ab!
Wenn Sie in drei bis vier Meter Höhe in einer Astgabel ein Brett befestigen, wird Ihre Katze diese Aussichtsplattform sicher gern annehmen. Weitere beliebte Aussichtspunkte sind Zaunpfähle, Dächer von Gartenhäusern oder Schaukelgestelle.

Tipp

Freiheit für Etagenbewohner. Wenn Sie Ihre Katze aus der ersten Etage in den Garten lassen wollen, hilft ein langes, etwa 15 cm breites Brett. Im Abstand von etwa 30 cm nageln oder schrauben Sie zum besseren Halt für Ihre Katze Quersprossen auf das Brett. Brett nicht zu steil aufstellen!

Katzen laufen übrigens nicht gern über Kies. Wenn Sie Kiesflächen lieben, wird die Samtpfote für runde Trittsteine darin sehr dankbar sein.

Vögel schützen

Ihre Schmusekatze kann sich im Garten schnell in eine eifrige Jägerin verwandeln. Wollen Sie, dass sich auch frei lebende Tiere im Garten Ihrer Katze wohl fühlen, müssen Sie zwangsläufig effektive Maßnahmen zum Schutz der Gäste treffen. Ihre Katze folgt ihrem Instinkt – daran können Sie absolut nichts ändern. Mit großem Stolz bringt sie Ihnen ihre Trophäen und erwartet Ihr Lob. Auch wenn Katzen selten einen gesunden Vogel erwischen, können Sie etwas für den Schutz der Gartenvögel tun: Verhindern Sie mit Hilfe von Kragen aus Maschendraht oder Vogelschutzkragen (Vogelbedarf), dass Ihre Kletterkünstlerin auf alle Bäume steigen kann. Auch ein umgedrehter aufgeschnittener Eimer mit einem stammdicken Loch im Boden tut gute Dienste. Ein oder zwei Kletterbäume genügen der Katze. Befestigen Sie Vogelfutterhäuschen und Nistkästen unerreichbar für Katzen, beispielsweise hoch genug an der Hauswand. Auch der Platz darunter sollte offen sein, so dass sich die Jägerin nicht unbemerkt anschleichen kann. Gebiete, die die Katze nicht betreten soll, können Sie recht wirksam mit Kletterrosen oder Weißdornhecken abgrenzen.
Glöckchen, reflektierende Halsbänder, oder Signalhalsbänder können Vögel vor der Katze warnen, andererseits sind schon viele Katzen damit hängen geblieben.

Steine und Wasser gewünscht

Ihre Katze hält gerne ein Nickerchen auf sonnenwarmen Steinen. Trockene Terrassenplatten sind genauso beliebt wie glatte Steine im Steingarten. Oder sie sucht sich einen dicken Findling in erhöhter Position. Ganz fasziniert sind Katzen von einem Gartenteich, und sei er auch noch so klein. Das Nonplusultra sind dicke Steine am Teich an geschützter Stelle, von wo aus sie

Schnee macht echt Spaß. Wenn er nur nicht so kalt wäre!

träge die Bewegung des Wassers, das Spiel der Fische und Libellen beobachten kann. Dem leichten Plätschern eines Wasserfalls zu lauschen, dem Spiel der Wassertiere zuzuschauen – was gibt es Entspannenderes? Der ideale Platz zum Krafttanken für Mensch und Tier.
Legen Sie einen Baumstamm oder einige Steine ins Wasser, die Katze wird auch gerne darauf balancieren. Sosehr sich die Minitiger für Wasser interessieren – sie sind keine guten Schwimmer. Damit Ihre Katze nicht ertrinkt, sondern sich retten kann, wenn sie bei der Libellenjagd zu eifrig wird, sollte der Teich mindestens ein seichtes Ende mit einer natürlichen Uferzone haben.
Wenn in Ihrem Gartenteich Fische leben sollen, dann legen Sie das seichtere Ende des Teiches im Süden an. Auf diese Weise zeichnet sich der Schatten der Katze auf der Wasseroberfläche ab, so dass die Wassertiere sich rechtzeitig in das tiefere Wasser retten können. Eine andere Möglichkeit ist, ein Netz über den Teich zu spannen. Katzen sind sehr geschickt im Fischen und werfen ihre Beute blitzschnell über die Schulter aufs Land. Wenn ein richtiger Teich für Sie nicht in Frage kommt, eignen sich halbierte Fässer oder Schalen hervorragend, auch für kleine Springbrunnen. Schön ist es, wenn das Wasser von einer Schüssel in die nächste fließt. Ihre Katze wird fasziniert mit dem Wasser spielen.

Zimmerbrunnen faszinieren Katzen. Toll, wenn die Dekoration auch noch essbar ist!

Die richtigen Pflanzen

Es gibt etliche Pflanzen, die für Ihre Katze sehr schädlich sind, beispielsweise Eibe, Goldregen oder Oleander. Zwar knabbert eine Freilaufkatze normalerweise nicht an giftigen Gewächsen, aber man kann ja auch darauf verzichten. Bambus ist dagegen eine sehr empfehlenswerte Pflanze, auch nach den Feng Shui Regeln.
Ein Beet mit vielen duftenden Kräutern wie etwa Thymian und Zitronenmelisse ist ideal. Sie lassen sich natürlich auch in Töpfen ziehen. Denken Sie unbedingt auch an Katzenminze und Baldrian! Diese Kräuter können empfängliche Katzen in einen tranceartigen Glückszustand versetzen.

Wie die Katze in den Garten kommt

Für den freien Ausgang tut eine Katzenklappe gute Dienste. Diese Minitüren, die in Ihre Haustür oder eine Wand eingebaut werden können, pendeln nach beiden Seiten, damit die Katze zwischen Haus und Garten hin- und herlaufen kann, und schließen meist mit Hilfe einer magnetischen Dichtung (im Fachhandel erhältlich).

Määao
Määäaou
Määao
Määao

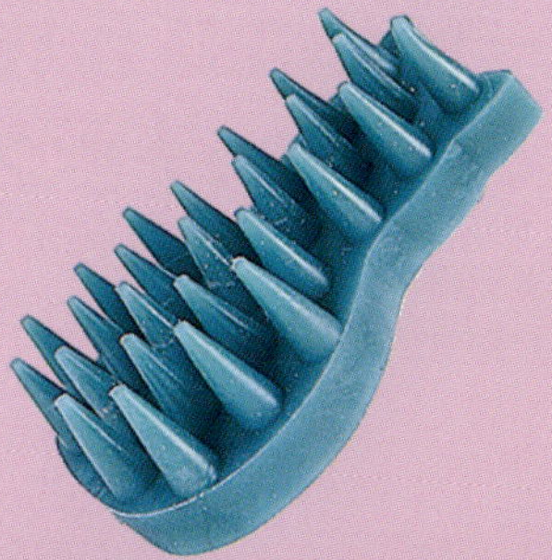

Das Wohlfühl-Programm

Unsere süße Samtpfote soll sich bei uns so richtig wohl fühlen. Jeden Wunsch möchten wir ihr von ihren wunderschönen Augen ablesen. Hier ist das beste Katzen-Zuhause der Welt – Wellness und Gesundheit pur! Aber machen wir auch alles richtig?

Rundum gut gepflegt

Katzen brauchen eiweißreiches Fleisch, aber auch kleine Mengen pflanzlicher Kost. Gute Fertigprodukte entsprechen den Bedürfnissen der kleinen Raubtiere und sind zudem bequem zu handhaben. Achten Sie auf die Qualität: Hochwertige Fertignahrung ist ausgewogen, BSE-sicher und liefert alle notwendigen Nährstoffe. Katzen dürfen auf keinen Fall mit Hundefutter oder mit einer vegetarischen Kost ernährt werden. Dann würden wesentliche Inhaltsstoffe fehlen, die für die Katze lebenswichtig sind. Dem natürlichen Essverhalten einer Katze entspricht es am ehesten, wenn sie über den Tag verteilt mehrere kleine Mahlzeiten bekommt. Gut bewährt haben sich aber für unsere Wohnungskatzen Fütterungszeiten zweimal täglich, morgens und abends. Ihre Katze gewöhnt sich sehr gut daran. Zwischenmahlzeiten und Leckerchen bei jedem Betteln führen leicht dazu, dass die Katze zu dick wird. Wenn sie sich jedoch nicht überfrisst, viel Bewegung hat und nicht übergewichtig ist, gibt es andererseits nichts dagegen einzuwenden, wenn ein Schälchen mit einem guten hochwertigen Katzen-Trockenfutter auch tagsüber bereitsteht.

Katze im Glück

Sie hat das große Los gezogen: Bessy braucht nur einen kleinen Maunzer zu tun, Frauchen um die Beine zu streichen oder aufmunternd zu gucken – und schon gibt es die tollsten Leckerbissen. Sogar beim Bürsten gibt sie sich wirklich große Mühe. Wenn sie nur nicht immer so besorgt wäre!

Frisches Trinkwasser sollten Sie Ihrer Katze immer anbieten.

Gesunde Leckerbissen. Viele Leckerlis sind für Katzen wie Bonbons oder Pralinen für uns Menschen. Deshalb sollten Sie diese Extras auf die Gesamtfuttermenge anrechnen. Geben Sie Ihrem Liebling aber hin und wieder einen artgerechten Leckerbissen wie zum Beispiel hochwertige Vitamin- und Mineralien-Tabs oder spezielle Snacks, die das Festsetzen von Zahnbelag verhindern. Verwöhnen Sie Ihre Katze ruhig auch ein- bis zweimal wöchentlich mit ein paar Stückchen Rind-, Wild-, Lammfleisch oder Fisch. Geflügel sollte wegen der Salmonellengefahr gekocht werden. Für Katzen, die gern Milch schlecken, empfiehlt sich eine spezielle, laktosearme Katzenmilch. Der Milchzucker (Laktose) in normaler Kuhmilch verursacht nämlich bei Katzen häufig Durchfall. Hüttenkäse, ein wenig milder Gouda und Quark sind weitere gesunde Leckereien für Ihre Naschkatze.

Pflege kann Spaß machen

Katzen widmen sich selbst ausgiebig ihrer Fellpflege. Nur bei Langhaar-Rassen müssen wir helfen, damit das Fell nicht verfilzt. Aber viele Katzen haben es trotzdem gern, wenn sie mit einer nicht zu harten Bürste sanft gestriegelt werden, und schnurren wohlig dabei. Bürsten ist wie intensives Streicheln, nur schöner. Sollte Ihre Katze anfangs ablehnend sein, lassen Sie sie mit der Bürste spielen, damit sie ihre Furcht davor verliert. Durch Bürsten des Fells können Sie den Glanz der Haare fördern. Besonders bei dickem, dichtem Fell verhindert das Bürsten auch, dass die Katze zu viele Haare verschluckt, die dann womöglich krank machende Haarballen bilden. Langhaarige Katzen sollten möglichst jeden Tag gebürstet werden. Versuchen Sie, Ihre Katze schon als Jungtier daran zu gewöhnen, damit sie es genießen lernt. Dann wird die Pflege gleichzeitig zur wohltuenden Wellness-Stunde.

Vitamin-Tabs sind als gesunde Leckerbissen heiß begehrt.

So bürsten Sie richtig

Das Ziel beim Bürsten ist, alle abgestorbenen Haare und Staubpartikel aus dem Fell zu entfernen. Generell gilt: Immer in Haarwuchsrichtung bürsten! Beginnen Sie sanft streichelnd mit dem Kopf. Gehen Sie hier ganz besonders behutsam vor. Setzen Sie ruhig abwechselnd Bürste und Hand ein. Anschließend kommen der Rücken, dann der Schwanz, die Beine und die Unterseite an die Reihe. Viele Katzen sind besonders am Bauch sehr empfindlich! Zum Schluss noch einmal über das ganze Fell bürsten, um die letzten losen Haare zu entfernen.

Das Fell von Langhaarkatzen. Es verfilzt sehr leicht. Benutzen Sie einen Kamm mit langen, runden Zinken und eine weiche Drahtbüste (Softbürste). Kämmen Sie vom Kopf weg, und ziehen Sie leichte Verknotungen sanft aus. Warten Sie bei Langhaarkatzen auf keinen Fall, bis sich feste Filzplatten gebildet haben. Kleine Knubbel können Sie mit den Fingern auseinander zupfen, aber stärkere Knoten sollten vor dem Bürsten und Kämmen mit einer Schere entfernt werden, um der Katze nicht wehzutun. Bei weniger empfindlichen Tieren haben sich auch Trimmmesser sehr gut bewährt, um Filzknötchen aus dem Fell herauszuziehen. Sollte Ihre Katze einmal total verfilzt sein, suchen Sie Expertenrat: beim Tierarzt oder in einem guten Katzen- und Hundesalon. Meist ist es dann das Beste, sie komplett zu scheren. Keine Angst! Die Katze wird dabei nicht kahl, sondern nur kurzhaarig. Das Fell wächst schnell wieder in alter Pracht nach. Wenn Ihre Katze zum Verfilzen neigt, sollten Sie die anfälligen Bereiche unter den Achseln und das „Höschen“ generell scheren lassen.

Gesundheitskontrolle. Während Sie Ihren Schmusetiger bürsten, untersuchen Sie die Haut auf Schwellungen, Schorf, nässende Stellen oder andere Veränderungen. Sie weisen oft frühzeitig auf beginnende Erkrankungen hin.

Haarballen verhindern. Katzen benutzen ihre raue Zunge, um lose Haare aus ihrem Fell zu entfernen. Anschließend werden sie geschluckt und gelangen in das Verdauungssystem. Hier bilden sie schnell einen Haarballen. Er wird normalerweise – und völlig natürlich – von der Katze erbrochen. Gelegentlich verursachen diese Haarballen aber Magenverstimmung und Verstopfung. Es gibt (beim Tierarzt) spezielle Pasten, „Laxative“, die Sie Ihrer Katze eingeben

1

1 Morgentoilette: Gesunde Katzen pflegen sich täglich und sind immer sauber.

2 Wo die Zunge nicht hinreicht, muss die Pfote als Waschlappen dienen.

3 Ein bisschen Kratzen bedeutet noch keinen Floh, keine Panik!

4 Bei ihrer Putzzeremonie möchte die Katze nicht gestört werden.

oder unter das Futter mischen können. Sie wirken der Bildung von Haarballen entgegen. Besser ist es aber, mit regelmäßigem Kämmen und Bürsten zu verhindern, dass zu viele Haare in den Magen gelangen.

Tipp

Transport zum Tierarzt. Regelmäßige Besuche beim Tierarzt mindestens einmal jährlich sind wichtig, auch wenn die Katze nicht krank ist. Am besten befördern Sie Ihre Katze in einer Transportbox dorthin, die sie schon kennt. Lassen Sie die Katze so lange in der Box, bis sie auf dem Behandlungstisch steht. Das vermeidet zusätzliche Aufregung.

Klare Augen

Die Augen einer Katze sind normalerweise klar und ohne Verkrustungen. Infolge einer Verengung oder Verstopfung der Tränenkanäle kommt es vor allem bei Perserkatzen häufiger zu leicht tränenden Augen. Mit einem angefeuchteten Papiertaschentuch können Sie die dadurch entstehenden Krusten entfernen. Ist der Tränenfluss stärker, sollten Sie aber unbedingt den Tierarzt zu Rate ziehen.

Katzen erkranken häufig an einer heftigen Entzündung der Augenbindehäute, die oft eitrig wird. Meist reicht eine Behandlung mit Augentropfen nicht; die Katzen können schwer krank sein und müssen intensiv therapiert werden.

Ist das Auge teilweise mit einer weißlichen Haut überdeckt, so ist das sogenannte „dritte Augenlid“ vorgefallen – ein untrügliches Zeichen dafür, dass Ihre Katze schwer krank ist und meist auch hohes Fieber hat. Sofort zum Tierarzt gehen!

Saubere Ohren

Die Katzenohren sollten sauber, blassrosafarben, frei von Schmutz sein und nicht übel riechen. Wenn Ihre Katze häufig den Kopf schüttelt, sich kratzt oder ein Ohr anders hält als normal, sollten Sie sich die Ohrmuschel innen näher ansehen. Benutzen Sie aber bitte keine Wattestäbchen oder andere Gegenstände; Sie könnten die Katze zu leicht verletzen. Entdecken Sie dunkles Ohrenschmalz, kann das ein Hinweis auf Ohrmilben sein.

Gesunde Zähne, festes Zahnfleisch

Katzen bekommen zwar normalerweise keine Karies, können aber doch Probleme mit ihren Zähnen und dem Zahnfleisch haben. Versuchen Sie, das Gebiss Ihrer Katze einmal im Monat zu inspizieren. Manche Minitiger neigen zu Zahnstein. Die gelben bis braunen harten Beläge müssen regelmäßig (halbjährlich) vom Tierarzt ent-

Die wichtigsten Pflegeutensilien

- Weiche Soft-Drahtbürste zum Entfernen von losen Haaren
- Kamm mit langen runden Zinken
- Schere mit abgerundeten Ecken
- Zeckenzange zum Herausdrehen der Plagegeister
- Kleine Krallenzange, falls sich Ihre Katze die Krallen nicht selbst pflegt
- Eine Flasche milden Ohrreiniger zur Vorbeugung gegen Ohrmilben
- Trimm-Messer zum Herausziehen von Fellknoten bei Langhaarkatzen
- Zahnbürste und Zahnpasta (falls sich Ihre Katze das Zähneputzen gefallen lässt)
- Paste gegen Haarballen (Laxativ)

Tipp

Schutz vor Parasiten. Gegen Flöhe und Zecken gibt es heute wirksame Spot-on-Präparate, die, regelmäßig angewandt, Flöhe und Zecken sicher fern halten. Eine Tablette gegen sämtliche Wurmarten sollte außerdem alle drei Monate verabreicht werden. Fragen Sie Ihren Tierarzt!

fernt werden, damit das Zahnfleisch gesund und die Zähne erhalten bleiben. Vorbeugend können Sie Ihrer Katze regelmäßig mit einer speziellen Zahnbürste und Zahnpasta die Zähne putzen, theoretisch – aber die meisten Katzen dulden diese Prozedur nicht gern. Gewöhnen Sie am besten schon das Jungtier daran. Trockenfutter, das die Katzen zerkauen müssen, das Abnagen von Knochen und spezielle Snacks helfen, Zahnstein vorzubeugen.

Krallenpflege

Die Krallenpflege übernimmt die Katze normalerweise selbst. Mit Hilfe eines Kratzbaums und ihrer Zähne hält sie die Krallen in Form. Weniger aktive Katzen nutzen ihre Krallen manchmal nicht ausreichend beim Kratzen und Klettern ab, so dass diese zu lang werden können. Dann ist es möglich, dass sie sich krümmen und in die Ballen hineinwachsen oder dass die Katze damit an Teppich, Sesseln oder Gardinen hängen bleibt. Krallen vom Tierarzt kürzen lassen!

Impfungen sorgen für Wellness

Impfungen schützen Ihre Katze vor lebensgefährlichen Krankheiten wie Katzenseuche, Katzenschnupfen, Leukose, FIP und Tollwut. Katzen, die nur in der Wohnung gehalten werden, benötigen zwar nicht unbedingt alle Impfungen, sollten aber zumindest gegen Katzenseuche und Katzenschnupfen immunisiert werden, denn Sie könnten die Erreger beispielsweise an den Schuhen einschleppen. Nebenwirkungen von Impfungen sind äußerst selten. Das Risiko einer ungeimpften Katze, an einer Infektionskrankheit zu sterben, ist dagegen sehr hoch. Lassen Sie sich von Ihrem Tierarzt beraten. Ihr Tierarzt wird Ihnen einen Impfpass ausstellen, den Sie sorgfältig aufbewahren sollten, um jederzeit den Überblick beim Impfschutz Ihrer Katze zu behalten.

Mit Seifenblasen kann man herrlich spielen.

Bachblüten und Wohlbefinden

Bachblüten sollen positiv regulierend auf einen negativen Seelenzustand wirken und seelische Harmonie und ein gutes Allgemeinbefinden fördern. Die Erfahrung hat gezeigt, dass Bachblüten vor allem in schwierigen Situationen, Umgewöhnungsprozessen und bei bevorstehender Aufregung helfen können. Es gibt insgesamt 38 verschiedene Blüten-Essenzen, die nach Dr. Bach alle ungünstigen Seelenzustände ausgleichen sollen. Katzen, die zu überschießenden Reaktionen neigen, können mit „Impatiens" zu mehr seelischem Gleichgewicht gelangen. „Rock Rose" lindert Panikgefühle . Neigt die Katze zu unbeherrschten Temperamentsausbrüchen, ist „Cherry Plum" vielleicht hilfreich. Alle drei Blüten sind zusammen mit zwei weiteren Essenzen in den „Rescue-Tropfen" enthalten, die sich in dieser Kombination gut als Erste Hilfe bei Notfall-Situationen bewährt haben. Die Bachblüten werden immer verdünnt in Wasser gegeben (Gebrauchsanweisung beachten). Im Notfall können Sie der Katze auch einen oder zwei Rescue-Tropfen pur auf die Nase träufeln, so dass sie die Essenzen ableckt.

Freilaufkatzen müssen geimpft und entwurmt werden, damit sie gesund bleiben.

Das Fell – dicht und glänzend

Eine ausgewogenen Kombination von Vitaminen und Mineralien liefert die nötigen Bausteine für gesunde Haut und Haare. Eine hochwertige Fertignahrung brauchen Sie nicht durch spezielle Vitamin-Tabs, -Pasten oder flüssige Mittel zu ergänzen. Sie dürfen Ihre Katze aber ruhig mit magerem Quark, Hüttenkäse oder hin und wieder einem frischen Eigelb verwöhnen. Manche Katzen schlecken auch gern ein klein bisschen Butter oder Margarine.

Gute Figur

Es gibt Katzen, die von Natur aus träge sind und dazu neigen, übergewichtig zu werden. Hier müssen Sie dafür sorgen, dass Mieze fit und gesund bleibt. Reduzieren Sie die Futtermenge, geben Sie konsequent nichts zwischendurch, verteilen Sie statt Leckerlis lieber ausgiebige Streicheleinheiten und spielen Sie täglich mindestens eine Stunde mit der Katze. Am besten eignen sich Bewegungsspiele. Ist Ihre Katze schon übergewichtig, kann

Geht es Ihrer Katze gut?

Ob Ihre Katze tatsächlich alles bekommt, was für ihr Wohlbefinden nötig ist, können Sie mit diesem kleinen Test herausfinden.

		Ja	Nein
1	Eine Wohnungskatze braucht keine Impfungen.	○	○
2	Wenn meine Katze um Leckerchen bettelt, darf ich nicht „Nein“ sagen.	○	○
3	Katzen putzen sich selbst genügend – da ist Bürsten vollkommen überflüssig.	○	○
4	Die Ohren der Katze reinigt man am besten mit Wattestäbchen.	○	○
5	Einer Katze keinen Auslauf im Freien zu gewähren, ist Tierquälerei.	○	○
6	Mit einer Wohnungskatze muss ich jeden Tag intensiv spielen.	○	○
7	Ein schönes glänzendes Fell ist Veranlagungssache.	○	○
8	Katzen ohne Ausgang bekommen auch keine Würmer oder Flöhe.	○	○

Antwort: 1 = Nein, 2 = Nein, 3 = Nein, 4 = Nein, 5 = Nein, 6 = Ja, 7 = Nein, 8 = Nein.

sie mit Hilfe eines Light-Futters oder einer speziellen Diät vom Tierarzt leichter abspecken. Bei Katzen mit Auslauf sollten Sie auch in der Nachbarschaft nachforschen, wer Ihren Minitiger noch füttert ...
Ihre Katze hat Idealgewicht, wenn Sie die Rippen fühlen können; aber sie dürfen nicht hervortreten.

Wellness für Senioren

Altern ist keine Krankheit, aber mit dem Älterwerden (ab dem 8. Lebensjahr) nehmen Wehwehchen und auch ernsthafte Erkrankungen zu. Die Immunabwehrkräfte lassen mit den Jahren nach, die Funktion verschiedener Organe wird träger. Stoffwechselvorgänge verlangsamen sich. Herz, Leber und Nieren sind meist nicht mehr so leistungsfähig. Die Zähne sind schlechter, und Magen und Darm vertragen keine üppigen Mahlzeiten mehr. Es ist wichtig, dass das Futter leicht verdaulich ist und einen hohen Anteil hochwertiger, tierischer Proteine und viele Vitamine, Mineralien und Spurenelemente enthält. Es gibt gutes Spezialfutter, das auf die Bedürfnisse älterer Tiere genau abgestimmt ist. Vorsorgeuntersuchungen, wie ein spezieller „Geriatrie-Gesundheits-Check“ beim Tierarzt können zur Früherkennung und rechtzeitigen Behandlung von Erkrankungen beitragen.

Tipps für Katzen-schönheiten

Ein glänzendes dichtes Fell ist ein Zeichen von Gesundheit und Wohlbefinden. Mit regelmäßiger Körperpflege, liebevoller Zuwendung und ausgewogener Ernährung können Sie viel tun, damit Ihr Liebling die nötigen Bausteine für gesunde Haut und Haare erhält und eine Schönheit bleibt.

RaumSchwinger

Spirale & Heilstein

Wohlfühlenergie durch eine Energiespirale an der Zimmerdecke? Ihre Schwingungen bewirken eine „positive Energieaufladung". Auch Heilsteinen wird eine energetische Ausstrahlung zugeschrieben: Im Quarzsand liegen ein Rosenquarz für Herzenergie, ein Aventurin für Entspannung und ein Lapislazuli.

Heilstein

Cat-Spa

Pflegecenter & Cat-Sp

Bürsten und Massagen zur Selbs bedienung bietet dieses Katzen-Wellness-Studio. Der Bürstenbo gen entfernt lose Haare und reg die Durchblutung an. An den Ru bel-Noppen des Cat-Spas kann sich die Katze reiben und sanft massieren lassen. Mit Catnip wi das Center noch anziehender.

Leib**speise**

Eigelb & Filzkamm

Einmal in der Woche darf Ihre Katze ein frisches Eigelb schlekken. Manche mögen es pur, andere bevorzugen es unter das Futter gemischt. Ei in Maßen wird gern gefressen und ist gesund. Das Entfilzen von dicken Fellknoten mit einem Filzkamm ist weder für Katze noch für Mensch angenehm.

Fell**pflege**

Nachtkerzen**Öl**

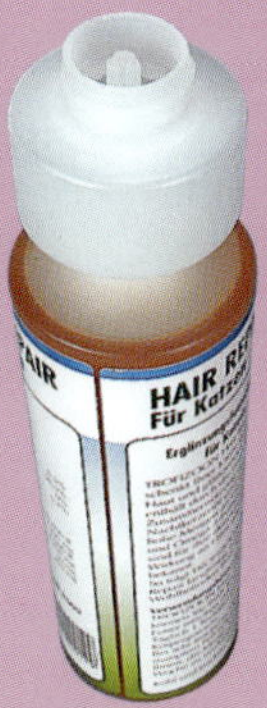

Öl & Kräuterkissen

Nachtkerzenöl und Lachsöl sorgen mit dem hohen Gehalt an Linolensäure und Omega-3-Fettsäuren für gesunde Haut und ein glänzendes Fell. Einen Teelöffel täglich in das Futter mischen! Kräuterkissen, die mit Katzenminze oder Baldrian gefüllt sind, können Katzen in einen wahren Rausch versetzen.

Wellnessplatz

Auf seinem Wellnessplatz neben der Salzsteinlampe, die das Raumklima verbessern hilft, und den Heilsteinen Lapislazuli und Aventurin fühlt sich Goldi so richtig wohl. Besonders die Salzsteinlampe hat es ihm angetan; neugierig beschnuppert er sie. Lapislazuli soll die innere Wachheit stärken.

Bin ich nicht **schön?**

killle
killlekille
killlekillle
killlekille

Schmusestunden

Was gibt es Entspannenderes, als mit einer wohlig schnurrenden Katze auf dem Schoß im Sessel zu sitzen und zu fühlen, wie sie unsere Berührungen immer mehr genießt und wir langsam einswerden? Alles um uns herum vergessend, spreche ich über meine Hände zu ihr.

Streicheln tut gut

Gestreichelt zu werden, ist für die emotionale und physische Gesundheit unserer Schmusetiger sehr wichtig. Fast jede Katze lässt sich gern streicheln und kraulen. Aber richtig streicheln will gelernt sein. Der beste Lehrmeister ist die Katze selbst: Sie zeigt ihrem Menschen deutlich, was sie mag und was nicht. Finden Sie gemeinsam heraus, was ihr besondere Wonne bereitet. Die Katzenhaut hat pro Quadratmillimeter 100 bis 200 Haare. Jede Haarwurzel ist von empfindlichen Nervenzellen umgeben. Dazwischen liegen weitere Tastkörperchen. Kein Wunder, dass schon ein einfaches, zartes Streicheln eine Fülle von Empfindungen auslöst. Wohlige Schauer huschen ihr über den Rücken. Beim Streicheln lässt die Muskelspannung nach; unsere Katze entspannt sich; der Herzschlag wird langsamer, die Verdauung wird angeregt, der Speichel beginnt zu fließen. Manche Katzen beginnen deshalb zu „sabbern".
So wie einst in seiner frühesten Kindheit das Streicheln (=Lecken) der Mutter für die Entwicklung und das Wachstum des Katzenbabys lebensnotwendig war, braucht auch die erwachsene Hauskatze diese Zährlichkeit von der „Mutter" Mensch.

Tausend Wonnen

Oh, wie tut das gut! Das muss ich meinem Menschen ja lassen. Wie er streichelt und krault und reibt und massiert – das ist schon einsame Spitzenklasse. Davon kann ich überhaupt nicht genug bekommen. Hier, ja hier bitte auch noch. Was kann ich nur tun, damit er nicht gleich wieder aufhört?

Ob Klein oder Groß: Katzen ben es , intensiv gestreichelt zu werden.

Richtiges Streicheln

Ihre Katze wird glücklich sein, wenn Sie ihr jeden Tag mindestens eine halbe Stunde lang Ihre Zuneigung „handgreiflich" beweisen und ihr Zärlichkeit schenken. Streicheln Sie mit der flachen, gesamten Hand – stetig, gleichmäßig, mit ganz leichtem Druck, immer in Wuchsrichtung des Fells, keinesfalls aber gegen den Strich. Lassen Sie die Hand zwischendurch auch mal nur millimeternah über das Fell gleiten, ohne direkte Berührung. Wahrscheinlich richten sich die Haare auf, der streichelnden Hand entgegen. Die Katze zeigt, wie sehr sie das Vergnügen genießt, und schnurrt wie ein kleiner Motor.

Zur Abwechslung ziehen Sie Bahnen in das Fell, nur mit den Fingerkuppen. Unter dem Kinn krabbeln Sie mit kleinen, kreisenden Bewegungen und zwischen den Ohren kraulen Sie mit zwei Fingern. Auch die Stelle zwischen den Schulterblättern lässt sich gut kraulen. Umfassen Sie Ohren, Kopf und Schnurrhaare leicht mit der ganzen Hand. Sobald Ihre Katze beginnt, sich daran zu reiben, schließen Sie die Hand ein wenig fester. Mit der flachen Hand auf der Flanke können Sie intensiv dem Schnurren nachspüren. Aber hüten Sie sich vor der Bauchregion. Katzen sind dort sehr empfindlich; die meisten beginnen sofort gegen die Hand zu treten, umfassen sie – mal mit, mal ohne Krallen – und beißen vielleicht sogar zu. Meist ist es nur Spiel, aber manchmal wird auch blutiger Ernst daraus. Ziehen Sie die Hand dann keineswegs weg, das gibt unnötige Kratzer! Sagen Sie aber deutlich und bestimmt „Autsch". Wenn Sie mit den Fingern der anderen Hand gegen

Spielen und Schmusen – damit ist das Katzenglück schon fast perfekt.

die Pfote schnippen, fährt Ihre kleine Wildkatze die Krallen in der Regel ganz schnell wieder ein.

Die heilende Berührung

Viele sanfte Heilmethoden bauen auf dieser Stimulierung des Nervensystems auf: ob Tellington-Touch, Reiki, verschiedene Massagetechniken oder Akupressur, immer geht es dabei um Formen der Berührung. Oft wird durch eine positive geistige Einstellung der Weg in die Gesundheit gewiesen. Durch Massage und Handauflegen können heilende Kräfte übertragen und Selbstheilungskräfte angeregt werden.

Was ihr gut tut, lässt sich Mieze instinktiv gern gefallen, sogar am Bauch.

Massage als Therapie

Jede der selbst schon einmal massiert worden ist, kennt die wohltuende Wirkung. Auch Ihrer Katze tut Massage gut. Sie stärkt das Vertrauen zwischen Ihnen beiden, stimuliert den Stoffwechsel, regt den Blutkreislauf an, dient der Entspannung und löst Verspannungen, gleicht Bewegungsmängel aus und kann sogar bei Krankheiten helfen, die Heilung zu beschleunigen. Zusammen mit Ihrer Katze können Sie schon intuitiv angenehme und förderliche Massagetechniken herausfinden. Erforschen Sie die Reaktionen Ihres Sofatigers, aber üben Sie niemals Zwang aus. Beginnen Sie mit langsamen Streichungen über den ganzen Körper zur Entspannung, wie wenn Sie das Tier mit flach aufgesetzten Fingern und der ganzen Hand streicheln würden. Steigern Sie allmählich und sanft den Druck. Probieren Sie dann aus, wie die Katze auf eine kreisförmige Massage zu beiden Seiten der Wirbelsäule mit den flach aufgelegten Fingerkuppen reagiert. Fangen Sie hinter den Ohren an, und massieren Sie bis zur Schwanzwurzel herunter. Auch hier beginnen Sie sanft und erhöhen den Druck so weit, wie es die Katze zulässt. Bald wird es Ihnen gelingen, die Muskeln zu ertasten und mit den Fingern fühlend zu „sehen“. Mit den Kuppen von zwei Fingern machen Sie auch eine schnelle anregende Strichmassage. Stimulierend auf Muskeln und Lymphsystem wirkt die Knet- oder Tiefenmassage. Dabei heben, kneten, ziehen,

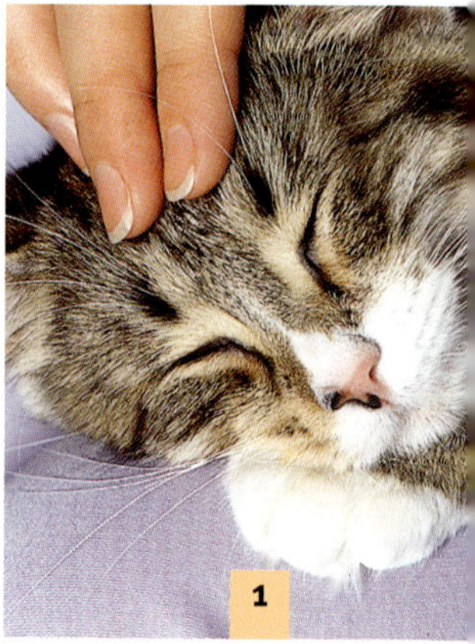

1

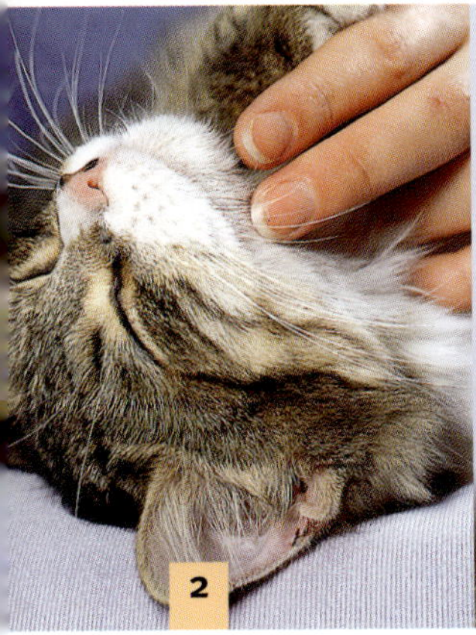

1 Vom Streicheln bis zur Massage ist es nicht weit: probieren Sie es einfach aus!

2 Unter dem Kinn mögen Katzen zarte Berührungen besonders gern.

3 Auch die empfindlichen Ballen der Pfoten können Sie leicht mit zwei Fingern kneten.

4 Das Massieren der Ohren regt die Funktion aller Körpersysteme an.

drehen, pressen und rollen Sie die Haut und Muskeln. Dadurch werden Heilungsprozesse bescheunigt und die Schmerzen gelindert. Die Massage immer mit einem sanften Streichen abschließen.

Tipp

Krankheitsanzeichen. Wenn Ihre forschenden Finger beim Streicheln, bei der Massage oder der Akupressur auf schmerzhafte Punkte bei Ihrer Katze stoßen, kann dies ein erster Hinweis auf eine ernsthafte Erkrankung – auch innerer Organe – sein. Stellen Sie Ihre Katze dann unbedingt in nächster Zeit einem Tierarzt vor.

Die Akupressur

Über den ganzen Körper verteilt liegen viele Akupressurpunkte, die Sie schon automatisch bei der Massage stimulieren. Die Akupressurpunkte am Rücken sind gut zu finden. Streichen Sie mit zwei Fingern sanft über die Wirbelsäule. Sie fühlen lauter kleine Höcker, die Dornfortsätze der Wirbel. Ertasten Sie die Vertiefung zwischen zwei Höckern, und gleiten Sie von dort etwas seitlich zum langen Rückenmuskel, der als Strang rechts und links der Wirbelsäule zu fühlen ist. Hier liegen Akupressur- oder Ki-Punkte. Auf solch einen Punkt drücken Sie mit der flach aufgelegten Daumenkuppe genau senkrecht und ganz ruhig für etwa drei bis fünf Sekunden

„durch“ das Tier. Atmen Sie dabei aus, und stellen Sie sich vor, dass Ihre Energie, Ihr Ki, durch den Daumen in die Katze hineinströmt. Machen Sie die Akupressur gleichzeitig mit beiden Daumen rechts und links am gesamten Rücken. Der Druck darf nur so weit gesteigert werden, wie die Katze es zulässt, ohne die Muskeln zu verspannen.

Ohr-Massage

Der Akupunktur-Theorie folgend findet sich in der Ohrmuschel ein Spiegelbild des Körpers. Werden bestimmte Punkte des Ohrs aktiviert, kann das helfen, Funktionsstörungen auszugleichen. Wenn das gesamte Ohr stimuliert wird, lässt sich damit auch der ganze Körper anregen. Intuitiv streichen und kneten wir oft die Ohren unserer Katze. Das Bearbeiten der Ohren verbessert nach Tellington-Jones die Funktion aller Körpersysteme (→ Buchtipp, Seite 78). Gerät ein Tier durch Unfall, Schreck oder Krankheit in einen lebensbedrohlichen Schockzustand, empfiehlt sich, sofort die Ohren von der Basis bis zur Spitze auszustreichen, da an der Ohrbasis der 3-fache Erwärmer-Meridian liegt, der Atmung und Verdauung aktiviert. Außerdem befindet sich an der Ohrspitze auch der Akupunkturpunkt, der im Fall eines Schocks aktiviert werden muss.

Die Hände ihres Menschen geben der Katze Geborgenheit und Zärtlichkeit.

Tellington-Touch

Bei Pferden und Hunden inzwischen sehr populär ist der Tellington-Touch, eine Methode der Berührung von Tieren, die Linda Tellington-Jones seit Mitte der 70er Jahre an ihren Pferden entwickelt hat.
Der sogenannte TTouch ist prinzipiell auf alle Tiere (und den Menschen) übertragbar. Der Touch besteht hauptsächlich aus kreisenden Bewegungen, die mit unterschiedlichem Druck ausgeübt werden können. Sie sollen Vertrauen aufbauen, beruhigen oder Ängste und Schmerzen lindern sowie Heilungen fördern.
Die Katzen lassen sich die Berührungen im Allgemeinen gern gefallen. Ängstliche werden zutraulicher, Aggressive ruhiger und entspannter. Die einfühlsamen Berührungen bewirken oft eine bemerkenswerte Veränderung im Befinden und Verhalten des Tieres. Schon einige richtig angewendeten Handgriffe und ein wenig Geduld zeigen Erfolg.
Grundsätzlich ist die Methode gut zu erlernen, sie ist schnell einzusetzen und sofort wirksam. Der Tellington-Touch erleichtert die Kommunikation und vertieft die Beziehung zwischen Katze und Mensch.
Die Basis der Tellington-Methode ist eine Kreisbewegung im Uhrzeigersinn. Stellen Sie sich dazu bitte das Ziffernblatt einer

imaginären Uhr mit etwa zwei Zentimetern Durchmesser vor. Die Finger einer Hand beginnen nun unten an der Sechs die Haut um die unsichtbare Uhr herum zu bewegen, einen vollen Kreis und noch weiter über die Sechs hinaus bis zur Acht. Hier halten die Finger eine Sekunde inne, gleiten zu einer anderen Stelle und beginnen einen erneuten 420°-Kreis.
Während der gesamten Bewegung muss ein gleichmäßiger Druck beibehalten werden, und es soll an einer Stelle immer nur ein einziger solcher runder Kreis beschrieben werden.
Linda Tellington-Jones hat aufbauend auf diesem Basis-Touch ein System von zehn verschiedenen Druckstärken und eine Reihe unterschiedlicher Fingerhaltungen entwickelt. Bei dem Basis-Griff liegen die Fingerkuppen geschlossen, relativ flach auf. Andere Touches werden beispielsweise mit den geschlossenen oder gespreizten Fingerspitzen ausgeführt.
Zum Tellington-Touch gehören allerdings auch lange streichende, rollende und walkende Bewegungen. Jede Katze sollte grundsätzlich systematisch mit langsameren, entspannenden Kreisen bearbeitet werden. Dabei soll der Anwender immer bewusst in die Kreise hineinatmen, um selbst locker, unverkrampft und konzentriert zu bleiben.

Tipp

Missverständnisse. Eine peitschende Schwanzspitze, verstärkt durch nach hinten gedrehte oder gar seitlich angelegte Ohrmuscheln, sollten Sie beim Schmusen mit Ihrer Katze richtig deuten. Sie haben etwas falsch gemacht.Vorsicht! In der nächsten Sekunde folgt eine Attacke.

Fußreflexzonen-Massage

Die Pfoten gehören zum hochempfindlichen Tastsystem der Katzen. Entsprechend empfindlich sind Katzen dort für Berührungen, weit mehr, als wir uns vorstellen können. Unbestritten lassen sich durch eine Massage der Füße beim Menschen die Funktionen von vielen Organen beeinflussen und Beschwerden lindern. Weitgehend unerforscht ist jedoch, ob die Erkenntnisse der Fußreflexzonen-Massage ebenso auf Katzen anzuwenden sind, deren Fuß ja als Zehengänger auch vollkommen anders aufgebaut ist. Die meisten Schmusetiger genießen es aber sehr, wenn wir die Muskeln ihrer Pfoten kneten, und sie erlauben uns auch, leicht mit einem Finger in winzigen Kreisen zwischen den Ballen ihrer Krallen zu massieren.

Mit der Katze sprechen

Wer mit einer Katze reden will, muss ihre Sprache verstehen. Sie hat ein umfangreiches Repertoire an vielfältigen Verständigungsmöglichkeiten. Mindestens vier Kommunikationsmittel stehen ihr zur Verfügung: Laute, Mimik, Körpersprache und Duftsignale.

Zur Begrüßung kommt das kleine Raubtier oft mit steil erhobenem Schwanz, Spitze leicht nach vorn gebogen, auf uns zu und gibt damit eindeutig zu verstehen: „Ich bin freundlich und guter Laune.“ Oft sagt sie dazu auch noch mit einem gurrenden Miau „Hallo“. Eine ganz vertraute Form der Begrüßung ist es, wenn sie ihre Nase unserer Nase nähert. Darüber steht eigentlich nur noch das Handlecken – als Zeichen innigster Zuneigung. Sie stellt den Kontakt her, indem sie sanft an den Beinen ihres Menschen entlang streicht , „Köpfchen gibt“ und schnurrt. Wirft sie sich auf den Rücken, so fordert sie unmissverständlich dazu auf: „Streichle mich.“

Viele Katzen kommen sofort angerannt, wenn ihr Mensch sie ruft. Wichtig ist dabei, dass wir lockend rufen, nie im scharfen Kommando-Ton. Die Katze kommt freiwillig oder überhaupt nicht. Im Umgang mit ihrem Minitiger treten einfühlsame Katzenmenschen ruhig und leise auf. Denn ihre schnurrenden Freunde hassen Krach. Wenn Sie sich mit einer noch etwas ängstlichen Katze unterhalten wollen, sprechen Sie am besten mit beruhigender gurrender Stimme und mit langgezogenen Vokalen: „Guuut, guuut“, „kooomm, kooomm“.

Miau ist mehr als ein Wort

Mit manchen Katzen ist eine echte Unterhaltung möglich, andere sind eher wortkarg. Katzen verfügen über eine Vielfalt an stimmlichen Lauten: viele verschiedene Miaus, Gurren in allen Tonlagen, Meckern, Keckern und Maunzen. Ihr Missfallen drücken sie mit Fauchen, heiserem Klagen, Schreien oder Heulen aus. Noch vielfältiger ist die Mimik und die Körpersprache.

Matte frei zur Katzengymnastik. Diese Übung ist auch für den Mensch nicht schwer.

Katzentalk

Katzen haben schier unendliche Ausdrucksmöglichkeiten mit ihrer Stimme, aber vor allem mit ihren Gesten und ihrer Mimik. Als aufmerksamer Beobachter lernen Sie das Katzen-ABC bestimmt ganz schnell. Denn wenn Katzen etwas sagen wollen, tun sie das immer unmissverständich und eindeutig.

Bitte, bitte

Komm, spiel mit mir!

Können Sie einer Katze widerste hen, die sich auf den Rücken leg und Sie bittend anguckt? Fast ur möglich! Ein Beispiel ihrer hohe Verführungskunst. Um etwas zu erreichen, setzen Katzen auch häufig ihre Pfoten ein. Die Kralle bleiben ungefährlich, solange si gut gelaunt ist.

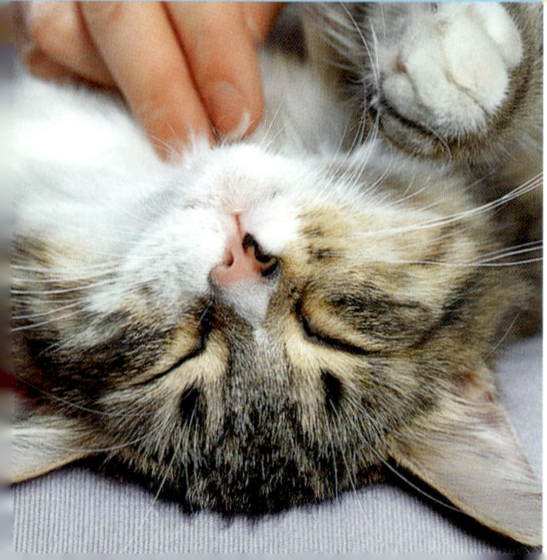

Massier' mich bitte!

Unter dem Kinn lässt sich eine Katze sehr gern kraulen. Vertrauensvoll legt sie sich auf den Rücken. Trotzdem sollten Sie sich davor hüten, die empfindliche Bauchpartie zu streicheln. Viele Katzen mögen das nicht und kratzen reflexartig. Umso mehr genießen sie eine Pfotenmassage.

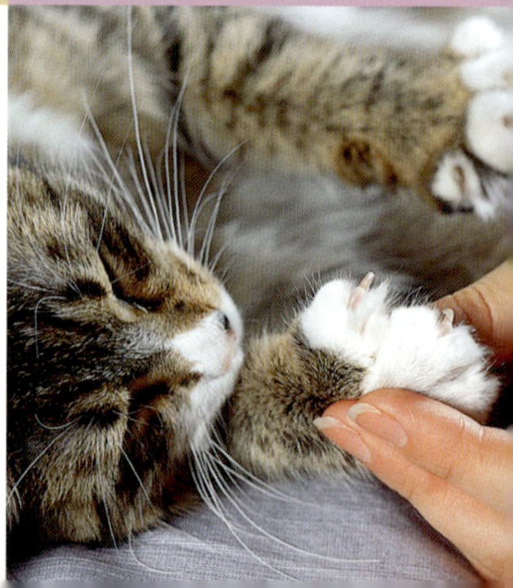

Leckerschlecker

-frieden leckt sich Mimi nach -nem fabelhaften Frühstück das -äulchen. Ein kleiner Nachschlag -ler ein Leckerbissen wären -rchaus noch willkommen. Kat--n sind Gourmets. Wenn ihnen -was nicht mundet, hungern sie -eber, als etwas zu essen, das in -ren Augen ungenießbar ist.

Hunger!!!

Maunzen

Schon die kleinsten Kätzchen maunzen, wenn sie etwas haben wollen, beispielsweise ihr Futter, Streicheleinheiten oder ein Spielzeug. Mit zunehmendem Alter wird das Repertoire an Maunzern in allen Stimm- und Tonlagen größer. Manche Katzen unterhalten sich regelrecht mit ihrem Menschen.

Köpfchen geben

Zur freundlichen Begrüßung reiben Katzen ihr Köpfchen an ihrem Menschen, am liebsten in Augenhöhe. Dabei geben sie auch ein bisschen von ihrem Katzenparfüm ab, damit der Mensch in ihrer Nase besser riecht. Der Nasengruß ist Beweis einer ganz besonderen Zuneigung.

-ch will mehr

Genießer

Katzen rollen sich auf den Rücken, um zu zeigen, dass sie sich wohl fühlen, aber auch, um zum Spiel oder zum Streicheln aufzufordern. Genauso zeigen Kätzinnen ihre Bereitschaft zum Liebesspiel. Eindeutig signalisiert die Katze, die gekrault wird, wie sehr sie es genießt, und bittet um mehr.

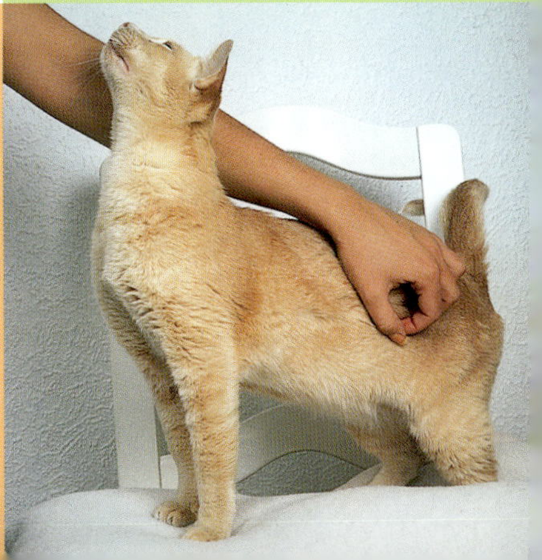

chrrrr
chchrr
chchrrr
chrrrr
chrr

Spielen macht glücklich

Es ist herrlich, einer Katze dabei zuzuschauen, wie sie mit voller Hingabe spielt. Wie sie sich konzentriert anschleicht, blitzschnell zupackt und die Fellmaus wieder und wieder in die Luft wirft. Man kann ihr direkt ansehen, wie glücklich sie dabei ist.

Warum Spielen so wichtig ist

Spielen ist für Katzen ein Lebenselixier. Es gehört so zu ihrer Natur wie Essen und Schlafen. Während Miezen mit Auslauf draußen ihren Jagd- und Spieltrieb befriedigen können, sind reine Wohnungskatzen darauf angewiesen, dass ihr Mensch ihnen Ersatz für echte Pirsch und Beutefang verschafft. Auch Katzen, die wirklich jagen, spielen mit der gefangenen Beute. Auf diese Weise bauen sie die während des Anschleichens und Belauerns aufgestaute Erregung ab, vermeiden Stress und trainieren zugleich ihre Geschicklichkeit. Dieser Jagd- und Spieltrieb ist nicht davon abhängig, ob das kleine Raubtier hungrig ist. Er ist vielmehr so stark, dass auch vollkommen satte Katzen einer entdeckten Maus nachstellen. Ob Maus, Falter, Blätter oder Papierbällchen – es läuft immer das gleiche Ritual ab.

Fit mit Fun

Bessy hat das große Los gezogen! Ihre Menschen können nicht nur die Kühlschranktür öffnen und wunderbar streicheln, sondern haben auch noch die tollsten Ideen, sie zu unterhalten. Unglaublich, was denen alles einfällt! Bessy ist dankbar: Bei so viel Spaß bleibt sie richtig fit.

Mehr Lebenslust

Haustiger, die nicht mehrere Stunden täglich die Gelegenheit haben, sich auszutoben und abzureagieren, sind völlig unterfordert. Das betrifft ganz besonders reine Wohnungskatzen, die einzeln gehalten werden und deren Mensch häufig nicht da ist. Sie fühlen sich einsam und ihnen ist langweilig. Je intelligenter Katzen sind, umso mehr leiden sie unter dem Nichtstun. Solche Geschöpfe entwickeln oft schwere Verhaltensstörungen wie beispielsweise Aggressivität, weil sie ihre Energien nicht anders loswerden können. Sie demolieren die Wohnungseinrichtung und häckseln den Pflanzenschmuck klein. Oder sie stumpfen immer mehr ab, fressen sich fett, werden depressiv und verkommen zu Dekorationsobjekten. Wohnungskatzen müssen mindestens drei- bis viermal so viel spielen wie Katzen, die Auslauf haben. Spiel und Beschäftigung reduziert Stress, entfacht die Lebenslust, stärkt das Selbstvertrauen, sorgt für seelische Ausgeglichenheit, fördert damit die Gesundheit und das emotionale Band zwischen Mensch und Mieze.

Sind Senioren zu alt zum Spielen?

Der Spieltrieb hält bis ins hohe Alter an. Auch eine gesunde Seniorenkatze ist noch gern zum Spiel bereit. Allerdings lässt sie es dabei ruhiger angehen; sie schläft viel mehr als in ihrer Jugend. Sie ist auch nicht mehr so stürmisch; steht aber an Geschicklichkeit und Schnelligkeit der Jungen in nichts nach. Damit sie fit bleibt, sollten Sie sich auch mit betagten Wohnungskatzen noch mindestens eine Stunde täglich beschäftigen, zusätzlich zu den Schmuse- und Massagestunden, die gerade die Senioren sehr genießen. Wählen Sie mehr Fang- und Angelspiele aus, bei denen die Katze die „Beute“ schnell erfassen kann, sonst verliert sie womöglich die Lust. Sprechen Sie auch viel mit ihr.

Wer eignet sich zum Mitspielen?

Am liebsten mögen Katzen gemeinsame Spiele mit ihrem menschlichen Partner. Die Beziehung zum Menschen kann sogar viel

Hier bin ich! Mit Begeisterung spielen Katzen Verstecken.

enger werden als zu einem Artgenossen. Wenn Sie als berufstätiger Single nicht genug Zeit aufbringen können, müssen Sie für Ersatz sorgen. Am besten ist es, sich schon von Anfang an zwei Katzen anzuschaffen oder zu Ihrem Stubentiger eine Junge zu gesellen. Sie werden sich intensiv miteinander beschäftigen und leiden nicht an Langeweile. Auch ein katzenlieber Hund kommt als Spielpartner in Frage. Die meisten Hunde und Katzen, die gemeinsam aufwachsen, verstehen sich prächtig. Beliebt sind Verfolgungsjagden und kleine Balgereien, eventuell auch Spiele mit Bällen und Spieltauen. Typische Katzenspielzeuge wie die Spielmäuse und Federbüschel machen junge Hunde leider meist in kürzesster Zeit kaputt. Das Spielverhalten von Katzen und anderen Heimtieren wie etwa einem Kaninchen ist sehr verschieden. Zwar kommt es auch hier vor, dass beide Spaß am Nachlauf-Spielen haben, aber als ständiger Spielpartner für eine Wohnungskatze genügt ein Kaninchen nicht. Außerdem kann die Katze das Kaninchen verletzen – immerhin werden Kaninchen ja auch manchmal zur Beute frei laufender Katzen.

Dort bewegt sich doch was! Da hält es sie nicht länger auf ihrem Aussichtsplatz.

Die wichtigsten Spielregeln

➤ **Wie oft spielen?**	Wohnungskatzen müssen mehr spielen als Katzen mit Auslauf. Nehmen Sie sich deshalb zwei- bis dreimal am Tag mindestens 20 Minuten Zeit für intensives Spielen.
➤ **Womit spielen?**	Alles, was nicht größer ist als eine Maus, raschelt, rollt, knistert und sich bewegt: ein Ball, ein Federbüschel, eine Fellmaus, ein Papierknäuel, ein Korken, Nudeln.
➤ **Welche Spiele bevorzugen?**	Fang-, Lauf- und Geschicklichkeits-Spiele, bei denen die Katze ihren Jagdtrieb und ihren Bewegungsdrang ausleben kann.
➤ **Wer soll gewinnen?**	Immer die Katze. Sie braucht unbedingt das Erfolgserlebnis, muss die „Beute" fangen und sich daran abreagieren können.
➤ **Wie werden Faule aktiviert?**	Am einfachsten mit einer Angel, an deren Ende ein Federbüschel oder ein kleiner Fetzen Stoff zuckt. In Bodennähe bleiben!
➤ **Wie viel Spielzeug?**	Nicht zu viel auf einmal. Tauschen Sie die Spielsachen lieber öfter einmal aus.
➤ **Keine Zeit zum Spielen?**	Unbedingt eine zweite Katze anschaffen oder freien Auslauf gewähren.
➤ **Keine Lust zum Spielen?**	Erzwingen Sie nichts, und hören Sie auf, wenn das Interesse erlischt. Überprüfen Sie, ob die Katze gesund ist.

Spiele mit Artgenossen

In einer Wohnung mit zwei oder mehr Katzen geht es viel turbulenter zu als mit einem Single. Junge Miezen lieben ausgelassene Verfolgungsjagden über Sessel und Tische und ziehen manches Möbel- und Dekorationsstück arg in Mitleidenschaft. Die Katzen rennen, galoppieren, schleichen, springen, hüpfen und balgen sich – es macht viel Spaß, ihnen dabei zuzuschauen. In dieser wilden Phase sollten Sie Ihre Polstermöbel am besten durch übergelegte Decken schützen und alles aus dem Weg räumen, was leicht umfallen kann. Nach einigen Monaten werden die Rabauken deutlich ruhiger.
Katzen lieben auch gemeinsames Ballspielen sehr. Gut geeignet ist ein Tischtennisball oder ein kleiner Gummi- oder Schaumstoffball. Den kicken sie in turbulentem Spiel durch die Wohnung. Die Techniken, die sie entwickeln, um den Ball zu ergattern, lassen jeden Fußballprofi vor Neid erblassen.
Spannend wird es, wenn Sie eine Spielmaus an der Schnur bewegen. Welche Katze ist jetzt aufmerksamer und schneller? Meist versuchen beide gleichzeitig, das Spielobjekt zu erbeuten. Mehrere Katzen beschäftigen sich auch sehr gern

gemeinsam an einem Tunnel oder Karton mit Guck- und Schlupflöchern, durch die sie wechselweise von beiden Seiten nach Beute oder dem Partner angeln können.

Fitness-Spiele mit Mensch

Nichts geht über einen einfallsreichen Zweibeiner. Ziehen Sie einen Spielgegenstand mit kleinen ruckhaften Bewegungen in einiger Entfernung vor den Augen Ihrer Katze über den Boden. Steigern Sie die Spannung, indem sich die „Beute" erst nur wenig bewegt, aber blitzschnell wird, wenn die Katze angreift. Die Sache wird noch viel interessanter, wenn die Beute sich nicht im freien Raum bewegt, sondern zu schwerer zugänglichen Stellen „läuft": Stuhl- und Tischbeine, Schrankecken, Türen, Blumentöpfe, Papierkörbe und alle Arten von höhlenartigen Gebilden. Als weitere Steigerung bleibt das Jagdobjekt nicht am Boden, sondern klettert über Kratzbäume, Stühle, Tische, Treppen oder andere Hindernisse, verschwindet in Tunnels, Taschen und Körben oder unter Decken. Für dieses Spiel können Sie in Wohnung oder Garten einen umfangreichen Hindernis-Parcours aufbauen, auf dem Ihr Haustiger Fitness und Geschicklichkeit trainiert. Die Katze greift am liebsten zu, kurz bevor die Beute hinter einem Hindernis oder um die Ecke zu verschwinden droht. Ein-, zwei-, vielleicht dreimal darf die Fellmaus schneller sein als der Jäger und ihr entwischen. Aber dann müssen Sie ihr den Jagderfolg gönnen, sonst verliert sie die Lust. Weitere absolute Hits sind Anschleich- und Versteckspiele, bei denen die Katze Sie listig austricksen kann.

Tipp

Öfter mal was Neues. Die Katze verliert nach einigen Tagen auch an dem attraktivsten Spielzeug die Lust, wenn es immer das Gleiche ist. Geben Sie ihr nie alles auf einmal und tauschen Sie die Spielsachen in kurzen Abständen aus. Nach einiger Zeit holen Sie ein „altes" wieder hervor.

Spannende Katzenspiele

Damit sich Ihre Katze in Ihrer Abwesenheit nicht langweilt, haben Sie die Wohnung so abwechslungsreich wie möglich gestaltet, mit Kratz- und Kletterbaum, Bällen, Spielmäusen, Raschelpapier, Höhlen zum Verstecken, Aussichtsplattformen und Fenstersitzen zum Beobachten der Außenwelt.

Mit Hilfe von Catnip, einem Duftstoff, der aus Katzenminze gewonnen wird, können Spielzeuge oder bestimmte Plätze für eine Katze äußerst anziehend werden. Ebenso werden Catnip-gefüllte kleine Säckchen meist sehr geliebt.

Für Stubentiger, die häufig allein sind, gibt es Spielmäuse an einem langen Gummiband, die mit einer Klemme oben in einem Türrahmen zu befestigen sind. Ähnliche Zwecke erfüllen alle Arten von an Gummibändern hängenden Bällen oder Federbüscheln, die man auch gut am Kratzbaum anbringen kann. Weiche Softbälle, in die sie ihre Krallen schlagen können, werden von den meisten Katzen bevorzugt.

Attraktiv sind auch Bälle mit einem asymmetrischen Schwerpunkt, denn sie wackeln und rollen in unvorhersehbaren Bahnen.

Gern beschäftigen sich die Miezen mit Loch-Bällen, in die Leckerchen gefüllt werden. Die begehrten Bissen wieder herauszuholen, kostet Energie.

Eine leere Kosmetiktuch-Schachtel, in die ein kleiner Ball oder ein Leckerbissen gelegt wurde, reizt die Katze ebenfalls zu hingebungsvollen Angelversuchen. Ähnlich interessant ist ein alter Schuh. Auch hier ist es schwer, die Beute herauszufischen.

Cattrack, ein großer Kunststoffring mit einem eingesperrten Pingpongball, funktioniert ähnlich. Damit Ihre Katze hier nicht zu schnell resigniert aufgibt, sollten Sie hin und wieder einige Leckerchen oder kleine Bälle hineinlegen, die sie tatsächlich befreien kann.

Einen geschlossenen Pappkarton mit Schlupfloch und mehreren Gucklöchern zum Angeln mögen natürlich auch Single-Katzen. Darin können sie sich selbst verstecken oder nach einem Spielzeug angeln. Manche Katzen lieben es, sich in besonders kleine Schachteln zu zwängen und einfach nur herauszuschauen.

Eine auf einem glatten Fußboden liegende Papiertüte – schon so eine Attraktion für jede Katze – wird noch viel anziehender, wenn in dem Tütenboden ein kleines Loch ist, gerade groß genug, um die Katzennase durchzustecken. Der Haustiger flitzt hinein,

Wasser in Bewegung ist ein immer wieder faszinierendes „Spielzeug“.

schiebt sie über den Boden, versucht auf der anderen Seite wieder herauszukommen. Natürlich darf er anschließend die Tüte zerfetzen.
Köstlich amüsieren sich Katzen auch mit einer Spinne aus Pfeifenputzern. Dazu werden vier Pfeifenputzer kreuzweise übereinandergelegt und miteinander verschlungen. Ein fünfter Pfeifenputzer wird um die Mitte herum gewickelt, einmal unter, einmal über einem Bein, und die Enden werden als Kopf miteinander verdreht. Er stellt den Körper dar. Alle acht Beine werden an ihren Enden umgebogen, um Verletzungen zu vermeiden. Zum Schluss wird das Gebilde in Form gebracht. Diese „Pfeifenputzer-Spinnen" bringen Katzen auch sehr gern in ein Versteck.
Ein alter dicker Kniestrumpf oder eine lange Wollsocke, fest ausgestopft mit Zeitungspapier und mit Hilfe von Seil und Haken so an der Zimmerdecke befestigt, dass er etwa 60 Zentimeter über dem Boden hängt, animiert die Katzen, danach zu springen, daran zu schaukeln und auch ihre Krallen zu wetzen. Zusätzlich können Sie dieses Objekt mit einem Glöckchen ausstatten.

Anscheinend übt die Salzsteinlampe eine beruhigende Wirkung auf Goldi aus.

Freiheit an der Leine

Eine gute Möglichkeit, einer Wohnungskatze mehr Bewegung, vor allem aber mehr Sinnesreize zu verschaffen, ist, mit ihr draußen gemeinsam auf Entdeckungsreise zu gehen, natürlich angeleint. Mit etwas Geduld gewöhnen sich viele Haustiger daran und freuen sich bald sehr darauf, ihre Umgebung zu erkunden. Ein Spaziergang nach Katzenart unterscheidet sich jedoch vollkommen von einem Hundeausgang. Die Katze folgt Ihnen nicht – sie ist kein Rudeltier. Sie ist aber bereit, Sie auf ihren Pirschgängen mitzunehmen.
Eine Katze geht vorsichtig – am liebsten in Deckung – ein paar Schritte und verharrt dann, horcht, riecht, beobachtet, wartet. Dann wieder ein paar Schritte. Sie bestimmt das Tempo und am liebsten auch die Richtung.
Sie dürfen die Katze auf keinen Fall an der Leine hinter sich herziehen, nicht ungeduldig sein. Weit kommen Sie auf diese Weise zwar nicht, aber Sie entdecken vielleicht Dinge, die Sie sonst nie sehen würden.
Gehen Sie über ruhige Wege, zum Beispiel in Parks. Lassen Sie sich und der Katze dabei auch Zeit zum Erkunden und Spielen. Finden Sie kein geeignetes Gelände in Wohnungsnähe, fahren Sie lieber ein Stück mit dem Auto.

Welcher Spieltyp ist Ihre Katze?

Katzen haben ein sehr unterschiedliches Temperament. Wie ist Ihre Katze veranlagt?

		Ja	Nein
1	Sie ziehen eine Schnur mit einem Knopf am Ende durch die Wohnung. Ihre Katze kommt sofort angesprungen und fängt den Knopf.	○	○
2	Sie lassen ein Papierknäuel auf den Boden fallen. Die Katze wird sofort aufmerksam und spielt mit dem Papierball.	○	○
3	Sie legen eine große Papiertüte auf den Boden. Die Katze kriecht hinein und entwickelt ein wildes Spiel.	○	○
4	Sie locken Ihre Katze mit einer Katzenangel. Sie versucht, die „Beute“ zu fangen.	○	○
5	Sie drehen den Wasserhahn auf. Ihre Katze springt in das Waschbecken und tatzelt nach dem Wasserstrahl.	○	○
6	Sie schreiben einen Brief. Ihre Katze angelt sofort nach dem Stift.	○	○

0- bis 2-mal „Ja“: Ihre Katze ist ein ruhiger Typ, der sich für Spiele nicht (mehr) so begeistert. Animieren Sie sie zum Spielen.
3- bis 4-mal „Ja“: Ihre Katze spielt gerne, ist aber eher etwas zurückhaltend und vorsichtig. Ermuntern Sie sie öfters zum Spielen.
5- bis 6-mal „Ja“: Ihre Katze ist sehr spielfreudig, aufmerksam und intelligent. Sie braucht viel Beschäftigung, damit sie sich nicht langweilt.

Für die sichere Verbindung zwischen Mensch und Katze ist am besten eine sich selbst aufrollende, drei Meter lange Leine geeignet, die es im Handel speziell für Katzen gibt. Ein Brustgeschirr ist einem Halsband vorzuziehen (im Fachhandel erhältlich). Die Katze kann es bei abrupten Sprüngen nicht so schnell abstreifen wie ein Halsband. Ob das Erlebnis Katzenspaziergang ein Erfolg wird, hängt einzig und allein von Ihrer Geduld ab!

Komm, reich’ mir deine Tatze!

Bitten Sie Ihre Katze doch einmal zum Tanz! Das soll kein Witz sein. Manche Katzen sind tatsächlich begeisterte Mittänzer. Tanzen Sie Ihrer Katze einfach mal etwas vor, vielleicht tanzt und hüpft sie ja bald mit Ihnen! Es dauert jedoch eine ganze Weile und erfordert sicher viele Versuche, bis die Katze wirklich Stil und Rhythmus mit ihrem Menschen teilt. Vorzugsweise bewegen sich Katzen allerdings nicht im Paartanz, sondern wollen einzeln tanzen. Schon im Mittelalter sollen nach der Überlieferung Katzen mit ihren Besitzern getanzt haben. Erfahrene Katzentänzer berichten, dass sie durch den Tanz eine wesentlich tiefere Beziehung zu ihrem Tier gefunden haben.

Spannendes Katzenspielzeug

Spielen ist für Katzen lebenswichtig. Damit es nicht langweilig wird, sollten Sie das Spielzeug häufiger einmal austauschen. Legen Sie das Alte für eine Weile weg; nach drei Wochen ist es wieder spannend wie ein neues. Im Fachhandel finden Sie eine Fülle katzengerechter Spielsachen.

Kuschelsack

Tanz mit der Quaste

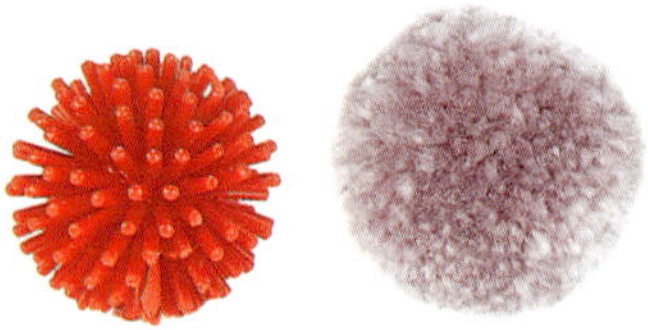

Am Ball!

Mäuse-kino

Roll die Maus

Häkeleien

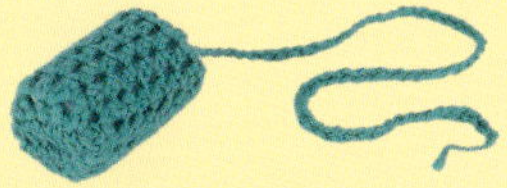

Lichtspiel

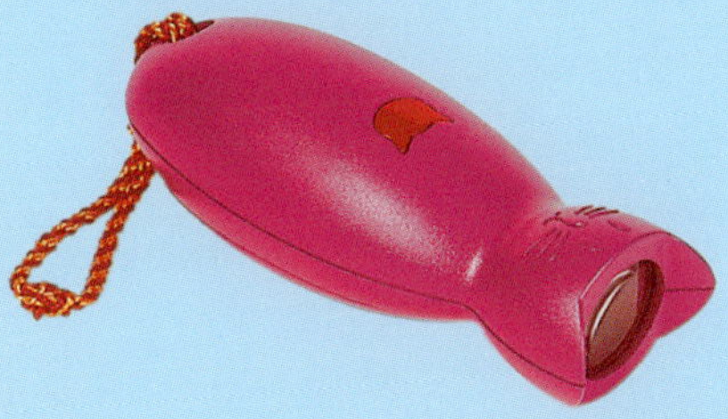

An der Angel

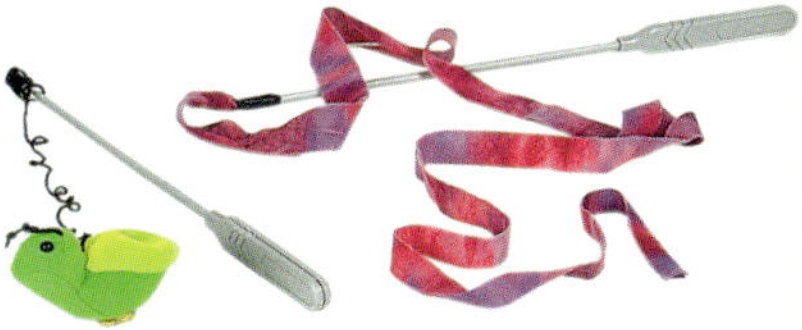

Play'n Scratch

Kling Glöckchen

Scharfe Krallen

prrrrr
rprrrrp
rrrrprrr
prrrrrrrr
prr

Gemeinsam Urlaub machen

Bald ist Urlaub. Endlich! Ob ich mein süßes Kätzchen mitnehmen darf? Oder frage ich lieber die nette Nachbarin, ob sie die Betreuung übernimmt? Aber mein kleiner Tiger wird bestimmt traurig sein, wenn ich sie allein lasse. Sollte ich besser daheim bleiben?

Brauchen Katzen Urlaub?

Der ideale Urlaub besteht aus Katzensicht darin, dass alle daheim bleiben und viel Zeit füreinander haben. Katzen lieben keine Veränderungen und hängen an ihrem gemütlichen Heim. Wenn Sie nur wenige Tage außer Haus sind, ist es daher am besten, dass Ihre Katze in ihrem gewohnten Zuhause von Freunden, Nachbarn oder Verwandten versorgt wird. Ihre Abwesenheit verschmerzt sie solange. Planen Sie jedoch einen längeren Urlaub, muss die beste Lösung gut überlegt werden. Nach langer anstrengender Reise in einem fremden langweiligen Hotelzimmer den ganzen Tag über allein auf sich gestellt zu sein, während Sie sich am Strand oder auf Gebirgstouren vergnügen, missfällt Ihrer Katze bestimmt. Anders als ein Hund kann sie ja nicht mit. Also gibt es nur die Alternativen: getrennte Ferien oder etwas finden, was beiden Spaß macht.

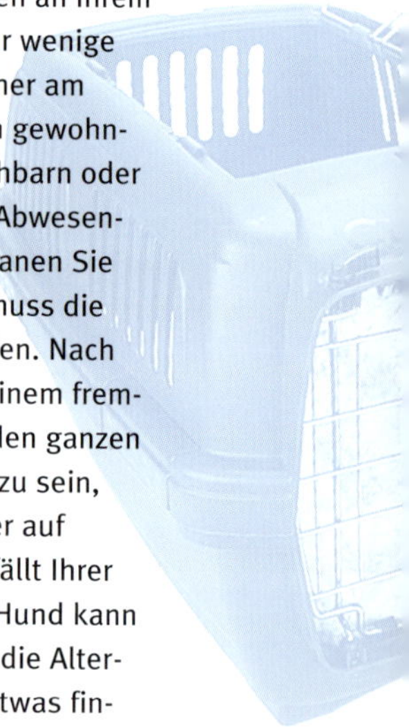

Katze auf großer Fahrt

Bessy ist es ganz mulmig zumute. Ihr Mensch ist so aufgeregt. Und jetzt sitzen sie schon seit Stunden im Auto. Bessy darf nur in der Transportbox hocken und kann noch nicht einmal nach draußen schauen. Geräusche und Gerüche, alles ist so fremd – wo geht es denn nur hin?

Allein zu Hause

Wenn Sie einen wirklich zuverlässigen Katzenfreund haben, der Ihren Haustiger nicht nur füttert, sondern ihm während Ihrer Abwesenheit auch ein paar Streicheleinhei-

ten, Spielerlebnisse und nette Worte gönnt, so ist das wahrscheinlich die beste Lösung. Besteht diese Möglichkeit nicht, sollten Sie sich rechtzeitig nach einem „Catsitter“ umsehen, der zu Ihnen ins Haus kommt. Umgekehrt können Sie dann wahrscheinlich auch seine Katze pflegen, wenn er in Urlaub geht.

Die Katze in ein fremdes Haus zu geben, ist zumindest nicht unproblematisch. Oder Sie sehen sich frühzeitig nach einer Tierpension um, mit der schon andere Katzenhalter gute Erfahrungen gemacht haben. Am besten geben Sie Ihrer Mieze dann ihr gewohntes Körbchen mit, damit ihr nicht alles so fremd ist. Die meisten Katzen akzeptieren eine Pension mit fürsorglicher Betreuung erstaunlich gut – hier gibt es viel zu sehen. Selbstverständlich ist, dass Sie Ihren Liebling nur mit einem vollständigen Impfschutz in eine andere Umgebung geben; die Ansteckungsgefahr ist groß.

Wo fühlt sich die Katze wohl?

Es gibt Katzen, die regelmäßig gern mit ihren Besitzern in Ferien fahren. Manche bekommen am Urlaubsort sogar Ausgang, ohne wegzulaufen. Das Risiko, dass die Katze in Panik verschwindet oder die Orientierung verliert, ist in einer fremden Umgebung jedoch sehr groß. In einem Ferienhäuschen oder einer im Erdgeschoss liegenden Ferienwohnung in ländlicher Umgebung können Sie das Experiment „Freigang“ nach einigen Tagen Eingewöhnung eventuell wagen. Manche Wohnungskatzen genießen die ungebundene Freiheit regelmäßig im Wochenendhäuschen.

Ähnliche Vorteile bietet Camping-Urlaub mit einem Wohnmobil oder Wohnwagen. Die Katze betrachtet ihn bald genauso als ihr Zuhause wie die Wohnung.

In einem Ferienhäuschen fühlt sich Ihre Katze jedenfalls deutlich wohler als in einem Hotelzimmer. Solange Sie die Katze nicht ins Freie lassen wollen, müssen Sie gut darauf achten, dass Türen und Fenster

Okay, hier gefällt es mir, hier können wir bleiben. Aber dies ist mein Sessel!

tatsächlich geschlossen sind. Lassen Sie Ihrer Mieze in der fremden Umgebung besonders viele Schmuse- und Spieleinheiten zukommen. Das entspannt. Jetzt haben Sie ja auch endlich genügend Zeit, die verschiedensten Massagetechniken in Ruhe auszuprobieren.

Wie die Reise stressfrei verläuft

Wenn Sie eine Autoreise planen, sollten Sie Ihre Katze schon möglichst einige Wochen vorher langsam an den Wagen und seine Geräusche gewöhnen. Befördern Sie sie am besten in einer sicheren Transportbox. Gut geeignet ist eine geräumige, stabile Kunststoffbox mit Gittertür, die sie sonst auch als Schlafkorb nutzen kann. Ausgestattet ist die Box mit einer kuscheligen Decke, unter der sich für alle Fälle eine dicke Lage Zeitungspapier befindet. Lassen Sie die Katze nie allein im Wagen. Auch an mäßig warmen Tagen kann es darin sehr heiß werden. Ihre Katze leidet bei Hitze außerordentlich und kann sogar an einem Hitzschlag sterben.
Einige Stunden vor Reiseantritt sollte Mieze nichts mehr gefressen haben. Dauert die Fahrt länger als vier Stunden, legen Sie bitte Pausen ein, in denen sie trinken und die Toilette benutzen kann.

Reiseapotheke für Katzen

- **Eine Zeckenzange, um unerwünschte Plagegeister leicht herauszudrehen**
- **Ein Flohmittel, am besten eine Spot-on-Ampulle und ein Umgebungsspray**
- **Eine Pinzette**
- **Ein Medikament gegen Durchfall (vom Tierarzt)**
- **Eine Tube mit einem Mittel gegen Haarballen-Bildung (Laxativ).**
- **Eine Wund- und Heilsalbe**
- **Ohrentropfen oder Ohrensalbe, falls die Katze plötzlich unter einer Entzündung der Ohren leidet.**
- **Ein Mittel gegen Reisekrankheit.**

Tipp

An Impfungen denken. Bei Reisen ins Ausland ist mindestens eine gültige Tollwut-Impfung vorgeschrieben, die mehr als 30 Tage vor Reiseantritt erfolgt sein muss. Sie ist 11 bis 12 Monate gültig. Einige Länder verlangen Gesundheitszeugnis, Entwurmung und Kennzeichnung (Chip).

Im Zug und Flugzeug darf Ihre Katze normalerweise in der sicheren Transport-Box reisen. Die Fluggesellschaften handhaben die Beförderung von Katzen unterschiedlich – erkundigen Sie sich bitte rechtzeitig vor Reisebeginn. Für die sensiblen Minitiger bedeutet eine Flugreise hohen Stress. Sie sollten ihr das tunlichst nur zumuten, wenn Sie einen Direktflug buchen konnten. Während des Fluges oder der Bahnreise versorgen Sie die Katze mit etwas Futter und ausreichend Wasser in der Box.

Katzengepäck

Vergessen Sie nicht, den gewohnten Futternapf, die Wasserschüssel, die Katzentoilette, Katzenstreu, genügend Dosennahrung und Trockenfutter sowie den Dosenöffner mit auf die Reise zu nehmen. Für unterwegs stecken Sie bitte auch eine Flasche des gewohnten Leitungswassers ein. Bevorzugt die Katze ein bestimmtes Schlafkörbchen, sollte auch das möglichst mit. Katzengeschirr und Leine sind ideal für kleine Ausflüge; es ist sehr hilfreich, wenn Ihre Katze schon daran gewöhnt ist. Zu den Reiseutensilien von Langhaarkatzen gehören außerdem Kamm und Bürste.

Der „Personalausweis"

Wenn Ihre Katze Sie auf Reisen begleitet oder nach draußen darf, sollten Sie wenigstens sichergehen, dass sie einwandfrei identifiziert werden kann, falls sie doch einmal verschwindet. Dazu kann eine Marke oder ein kleiner Adressanhänger am Halsband, mit dem Katzennamen und Ihrer Telefonnummer dienen. Noch besser ist eine Tätowierung oder ein Mikrochip, weil beides nicht entfernt werden kann. Tätowieren oder chippen lassen können Sie Ihre Katze beim Tierarzt. Tragen Sie die Nummer im Impfpass ein, und lassen Sie Ihre Katze beim zentralen Haustierregister des Deutschen Tierschutzbundes registrieren (→ Adressen, Seite 78).

Ob eine Segeltour das Richtige für uns ist? Lieber vorher erst einmal die Basics üben.

Der Katzenreisekoffer

Wenn Sie zusammen mit Ihrem Liebling auf große Fahrt gehen, sollten Sie nicht vergessen, auch den Katzen-Reisekoffer zu packen. Auch wenn die Samtpfoten keine Sommergarderobe und keinen Sonnenschutz benötigen, so eignet sich Ihr Sommerstrohhut wenigstens toll als Spielzeug.

Katzenwäsche

Trinknapf

Pflegen & Trinken

Im Urlaub haben Sie bestimmt vi
Zeit, sich der Pflege Ihres Lieblings zu widmen. Langhaarkatzer
müssen täglich gebürstet und gekämmt werden. Wenn Ihre Katz
unterwegs Durst bekommt, ist di
ser zusammenfaltbare Trinknapf gerade richtig, um ihr frisches Wasser zu kredenzen.

Kuscheltunnel

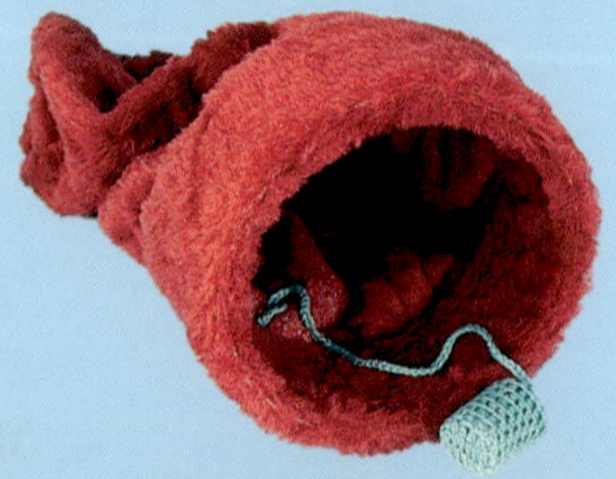

Verstecken & Jagen

In einem Kuscheltunnel kann sich der Minitiger verstecken, um gleichzeitig seine Umgebung zu beobachten und auf „Beute“ zu lauern. Sobald ein Jagdobjekt in Sicht ist, wie dieses Federspiel, wird er sich mit Begeisterung darauf stürzen. Genießen Sie im Urlaub das gemeinsame Spiel!

Federjag

Handgepäck

Sicher ankommen

Um Ihren Reisegefährten sicher zum Urlaubsziel zu transportieren, brauchen Sie eine Tasche, aus der die Katze nicht entfliehen kann, wenn sie in fremder Umgebung plötzlich erschrickt. Eine stabile Transportbox aus Kunststoff gibt Schutz und dient zugleich als Schlafhöhle.

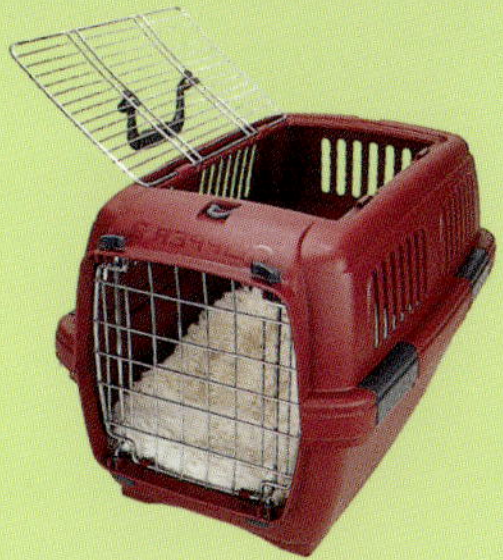

Wohnwagen

Zimmer ne Frühstück

Kuschelkissen

Ruheplätze

Katzen lieben Höhlen. Solch ein kleines Zelt ist schnell aufgebaut. Es bietet Mieze nicht nur in der Fremde einen angenehmen Zufluchtsort. Natürlich kann das Zelt mit einem Kuschelkissen ausgestattet werden. Doch auch ohne Zelt wird das Kissen schnell zum Lieblingsschlafplatz.

Kantine

Perfekter Service

Der Futterautomat mit Schaltuhr versorgt Ihre Katze, wenn Sie einmal für ein oder zwei Tage unterwegs sind und Ihre Katze allein daheim bleiben muss. Sonnenbrille muss nicht sein. Katzenpupillen können sich heller Sonne besser anpassen als die Pupillen des Menschen – auch ohne Brille.

Register

Die **halbfett** gesetzten Seitenzahlen verweisen auf Abbildungen

Adressen

■ **Verein Deutscher Katzenfreunde e.V.**
Postfach 740924,
22099 Hamburg

■ **Deutscher Edelkatzenzüchterverband (1. DEKZV)**
Berliner Straße 13, 35614 Aßlar
Internet: http://www.dekzv.de

■ **Deutsche Rassekatzen Union e.V. (DRU)**
Hauptstraße 56,
56814 Landkern
Internet: http://www.DRU.de

■ **Österreichischer Verband für die Zucht und Haltung von Edelkatzen (ÖVEK)**
Liechtensteinstr. 126, A-1090 Wien

■ **Fédération Féline Helvétique (FFH)**
Denise Kötz, Solothurnerstr. 83,
4053 Basel, Schweiz
Internet: http://www.ffh.ch

■ **Deutscher Tierschutzbund e.V.**
Baumschulallee 15, 53115 Bonn
Internet: http://
www.tierschutzbund.de

Zeitschriften

■ **Whiskas® Katzenwelt**
Erscheint viermal im Jahr kostenlos bei Whiskas®
Betreuungs-Service, Postfach 6808,
76048 Karlsruhe, Tel. 01805/300311
Internet: http://www.whiskas.de

■ **Ein Herz für Tiere**
Gong Verlag, Nordendstraße 64,
80801 München
Internt: http://www.herz-fuer-tiere.de

■ **Geliebte Katze**
Gong Verlag, Nordendstraße 64,
80801 München
Internet: http://www.geliebte-katze.de

■ **die edelkatze**
Illustrierte Fachzeitschrift für Katzenfreunde. Verbandszeitschrift des DEKZV, Berliner Straße 13,
35614 Aßlar

■ **katzen**
Herausgeber: Deutsche Rassekatzen-Union e. V. (DRU),
Hauptstraße 56, 56814 Landkern

■ Buchtipp:
Tellington-Jones/Taylor: Der neue Weg im Umgang mit Tieren. Kosmos Verlag, Stuttgart.

Die Autorin

Sigrun Rittrich-Dorenkamp, Journalistin und (TV)Redakteurin, lebt und arbeitet zusammen mit ihrem Mann, dem Tierarzt Dr. Bernhard Dorenkamp, ihren fünf Kindern und vielen Tieren in Salzkotten in Ostwestfalen. Sie schreibt für verschiedene Zeitungen, macht Filme und ist Autorin mehrerer Tierbücher.

Die Fotografin

Monika Wegler gehört zu den besten Heimtierfotografen Europas. Sie arbeitet außerdem als Journalistin, Tierbuch-Autorin, züchtet Abessinierkatzen und lebt mit sieben Samtpfoten zusammen.
Die folgenden Aufnahmen dieses Ratgebers stammen von ihr:
Seite 2, 3 (außer u.li.), 4, 5, 6, 8, 9, 10, 12, 13, 15, 16 (außer mi.mi.), 17 (außer o.mi.), 18, 19, 21 u.re., 22, 24, 26 (außer u.re.), 27 mi.re., u.li., 31, 32, 33, 34, 35, 36, 37, 38, 40, 41, 42 (außer u.li.), 43, 44, 45, 46, 47 u.re., 48, 49, 51, 53, 54, 55, 56, 57, 58, 59, 60 re., 64, 65, 66 (außer o.re.), 67, 69, 70, 74 (außer o.re.), 75 (außer u.re.);

Whiskas®: Seite U1, 1, 3 u.li., 7, 11, 16 mi.mi., 20, 21 o.li., 23, 26 u.re., 29, 39, 47 o.li., 60 li., 63, 66 o.re., 68, 71, 72, 73, 74 o.re., 75 u.re.,U4; Catlike: Seite 27 o.mi.; petset®: Seite 17 o.mi.; Pussy-Versand: Seite 27 mi.li, u.re., 42 u.li.

Ein Dankeschön an

- Frau Barbara Ehrl, die für die Fotoproduktion Katzenausstattung zur Verfügung stellte („Katzenoase“, München e-mail: Katzenoase@t-online.de).
- Catlike, W. Arendt, Unterschleissheim (Katzentoilette)
- petset®, Design fürs Tier, Mainz (Feng-Shui-Katzenbett)
- Pussy-Versand, Wegberg („Fitness-Studio“, Fahrzeug: „Silberpfeil“, „Cats-Kratzbürste“)

Wenn Sie Fragen oder Anregungen haben, dann können Sie sich selbstverständlich auch direkt an unseren Partner wenden:

Whiskas®
Masterfoods GmbH
Kundentelefon: 01805/300311
Internet: http://www.whiskas.de

Impressum

Redaktionsleitung: Anita Zellner
Redaktion: Gabriele Linke-Grün
Umschlaggestaltung und Layout: Henning Bornemann
Projektleitung Whiskas® (Masterfoods GmbH): Margrit Kolbe-Hopp
Herstellung: Susanne Mühldorfer
Satz: Cordula Schaaf
Reproduktion: Penta, München
Druck: Appl
Bindung: Monheim

Printed in Germany
ISBN 3-7742-5391-9

Auflage: 4. 3. 2. 1.
Jahr: 04 03 02 2001

DAS ORIGINAL · GU · MIT GARANTIE

Das Original mit Garantie

Ihre Meinung ist uns wichtig. Deshalb möchten wir Ihre Kritik, gern aber auch Ihr Lob erfahren. Um als führender Ratgeberverlag für Sie noch besser zu werden. Darum: Schreiben Sie uns! Wir freuen uns auf Ihre Post und wünschen Ihnen viel Spaß mit Ihrem GU-Ratgeber. Unsere Garantie: Sollte ein GU-Ratgeber einmal einen Fehler enthalten, schicken Sie uns bitte das Buch mit einem kleinen Hinweis und der Quittung innerhalb von sechs Monaten nach dem Kauf zurück. Wir tauschen Ihnen den GU-Ratgeber gegen einen anderen um.

Ihr Gräfe und Unzer Verlag
Redaktion Heimtier
Stichwort: Whiskas® Katzenratgeber
Postfach 860325
81630 München
Fax: 089/4 19 81-113
e-mail: leserservice@graefe-und-unzer.de

WHISKAS® KATZENRATGEBER

damit Ihre Katze sich wohl fühlt

ISBN 3-7742-5388-9
80 Seiten

ISBN 3-7742-5391-9
80 Seiten

ISBN 3-7742-5390-0
80 Seiten

ISBN 3-7742-5389-7
80 Seiten

Die Welt der Katzen entdecken und alles erfahren, was man schon immer über die kleinen Tiger wissen wollte! So klappt das harmonische Zusammenleben von Mensch und Katze von Anfang an.

WEITERE LIEFERBARE TITEL BEI GU:

- AUS LIEBE ZUM TIER: Meine Katze und ich
- MEIN HEIMTIER: Die Katze
- TIERMEDIZIN: So bleibt meine Katze gesund, Sanfte Medizin für meine Katze
- TIERE ERLEBEN: Katzen

GU

Gutgemacht. Gutgelau